「自己肯定感低めの人」のための本

山根洋士
心のクセを直す「メンタルノイズ」カウンセラー

アスコム

最初に一番大切なことを言います。

この本に書いてあるのは、
「自己肯定感を高める方法」ではありません。

自己肯定感が低めでも
悩まなくなる方法です。

自己肯定感低めのあなたに必要な
たったひとつのこと、なんだと思いますか？

自信満々になること？　図太くなること？
性格を変えること？　そんなに頑張らなくても大丈夫。

あなたに必要なのは

心のクセ＝心のノイズ

に気がつくことです。

あなたには、気づいていない心のノイズがあります。

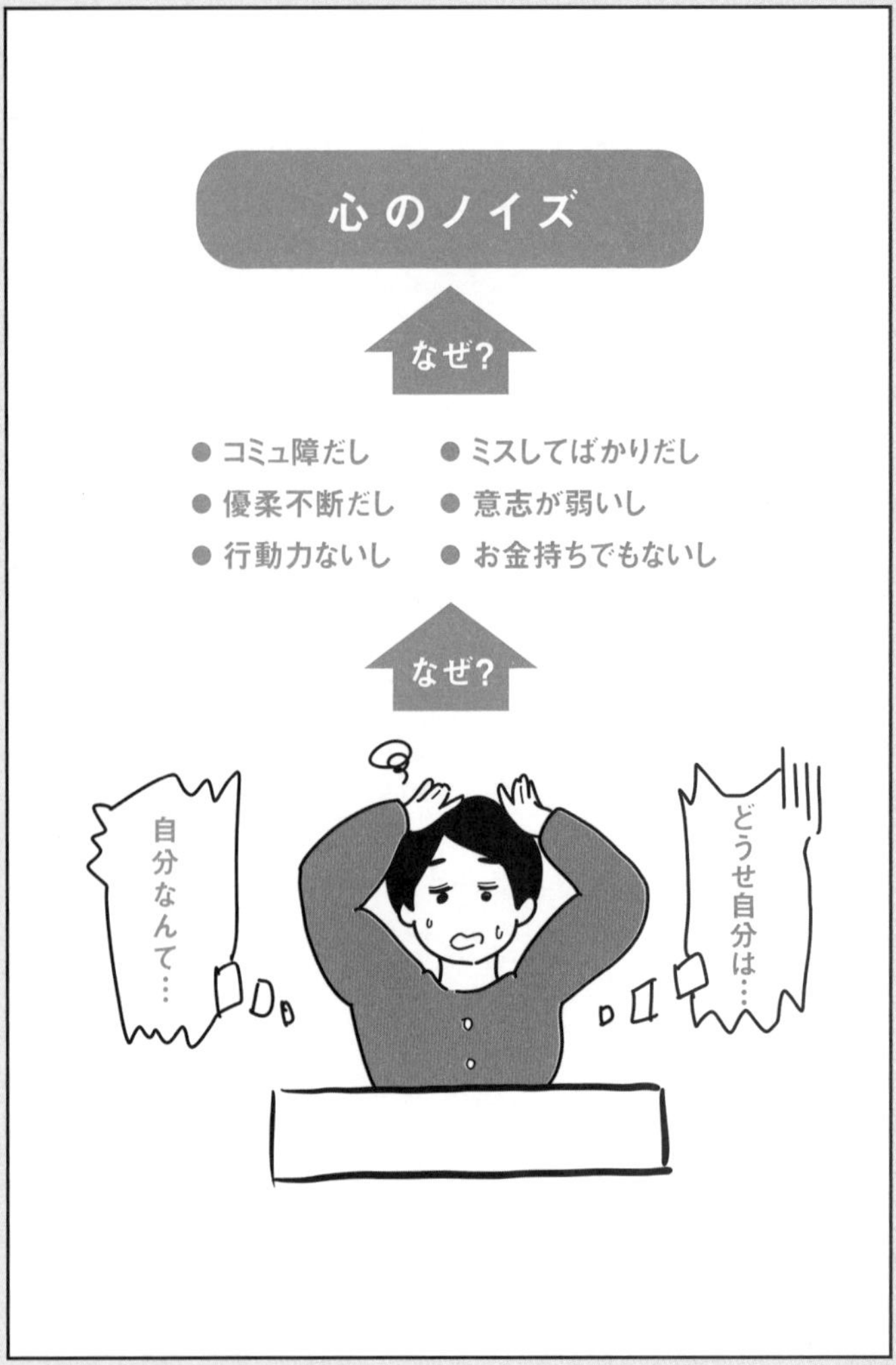

心のノイズに気がつけば、「自分責めのループ」から抜け出せます。

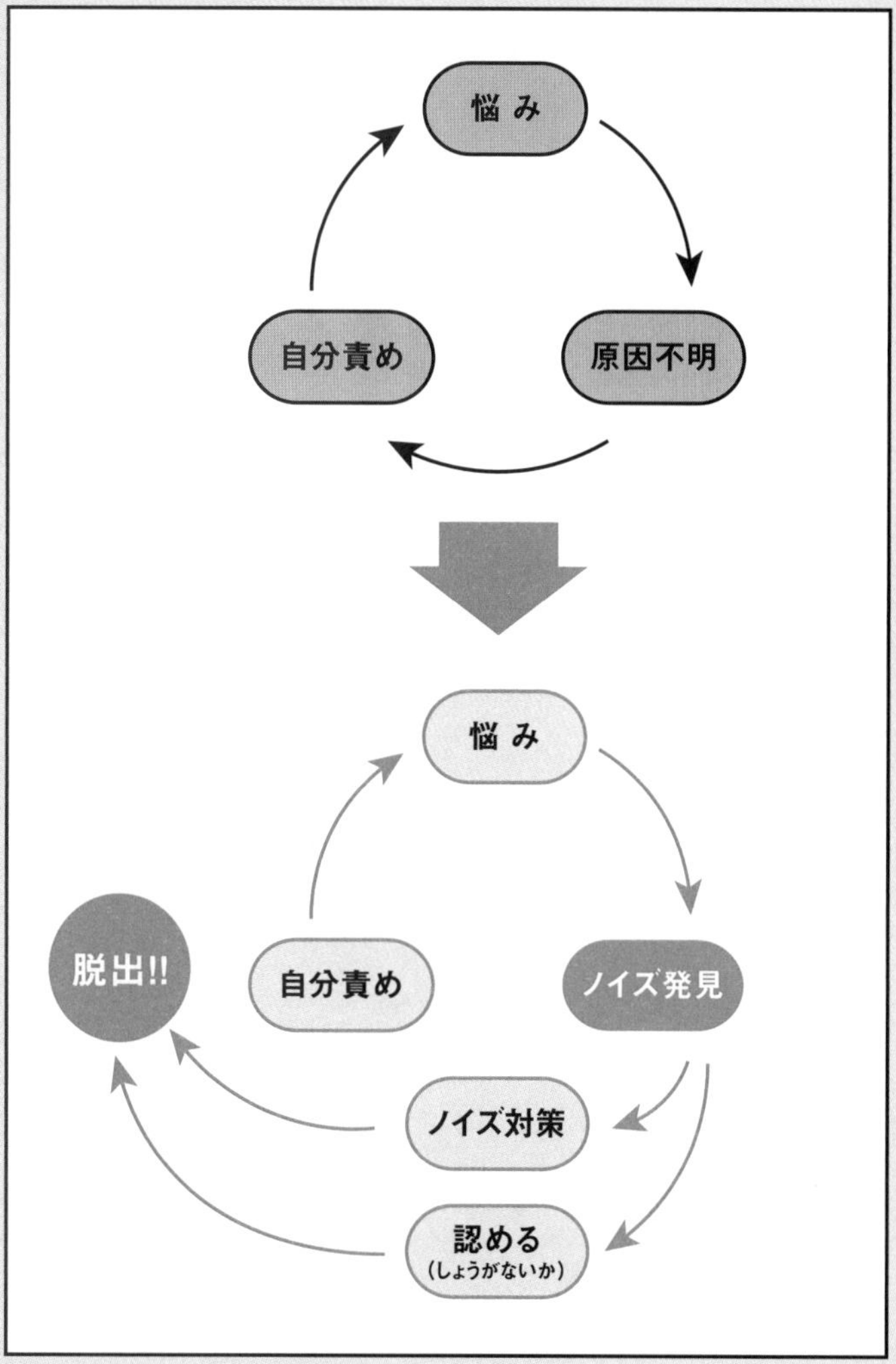

ノイズは、あなたが生まれてから今まで
心の中で育ってきた

考え方や解釈のクセ。

胸のあたりがなんだか
ザワザワ、もやもやするとき
ノイズが発動しています。

ノイズを知ることは心理学でいう

「自己認知」「メタ認知」です。

この本では、あなたのノイズを見つける方法からノイズの悪い影響を受けないためのワークまで、全部お伝えします。

ノイズが生まれる
脳と心理の仕組みを知る

14のタイプから
あなたのノイズを見つける

普段の生活の中で
ノイズに気がつく思考法を知る

ノイズに振り回されないための
10のエクササイズ

無理にポジティブに考えたり
自分はすごい、できる、と言い聞かせたり
するのって難しいですよね。

だから、「どうして自分はこうなのか」を知って
良くてもダメでも自分に納得できる

「自己納得感」

を手に入れましょう！

こんな症状に思い当たったら、ぜひこの本を読んでみてください。

[A]

- □ 自分は用心深く、慎重なところがあると思う
- □ 先着順や早い者勝ちのときは他人に譲る
- □ 自分の仕事より他人の手伝いのほうがやる気が出る
- □ 自分から人を誘うことが少ない
- □ 他人に教えたりアドバイスするのが好き

[B]

- □ 失敗談や自虐ネタが得意でよくウケる
- □ 自分は褒められて伸びるタイプだと思う
- □ 仕事や頼まれごとがあると、とりあえず「大丈夫です」と答えがち
- □ レビューや口コミで評価が低いと買うのをやめる
- □ 「〇〇なら自信あります」が口ぐせ

[C]

- □ 責任のある仕事や立場が重荷に感じる
- □ SNSでレスやリプライの応酬をしたことがある
- □ 褒められるとソワソワする
- □ 資料のミスや他人の間違いによく気がつく
- □ 著名人の不祥事や炎上に関するニュースやSNSをよく見る

当てはまる項目にチェックを入れてみましょう。次のページに解説があります。

あなたはどのタイプでしたか？

[A] にチェックが多い人は、適応反応タイプ

自己肯定感の低さが、素直に気持ちや行動に出るタイプです。

率先してなにかをするのが苦手だったり、自分より他人を優先したりします。

チャレンジには腰がひける反面、決まった仕事の処理は的確で、すでにマスターしている仕事の手順を人に教えたりするのも得意です。他人の手伝いも苦にならず、むしろ積極的に関わろうとします。

[B] にチェックが多い人は、逆転反応タイプ

自信のなさの裏返しが思考や行動に出やすいタイプです。

人からどう見られているかが気になるのは他のタイプも同じですが、逆転反応タイプは過剰に強がって見せる傾向があります。

過剰に自虐に走ったり、得意なことを過剰にアピールしたりするのは、弱みを人から責められないようにするためです。

[C] にチェックが多い人は、抵抗反応タイプ

逆転反応と似ていますが、こちらはダメな自分に抵抗しようとします。

典型的なのがマウンティング。人のミスを指摘したくなったり、SNSでリプライの応酬をしたりするのは、一見、自信があるように見えます。

しかしそれは、自己肯定感の低さに抗おうとする姿勢、あるいは余裕のなさの表れです。

はじめに

この本を手に取ってくださり、ありがとうございます。
自己紹介が遅れました。私は心のクセを直す「メンタルノイズ」カウンセラーの山根洋士です。

最近、自己肯定感という言葉をいろいろなメディアで見かけるようになりました。
これだけ自己肯定感といわれると、「自分はどうなんだろう」と気になってしまいますよね。

すでに多くの心理学者やカウンセラーの方が、自己肯定感の上げ方などを語っています。そんな中で、**なぜ私が今、「自己肯定感低めの人」のために本書を書いたのか？** ここではそんな話をさせていただきます。

私のところには、いろいろな悩みを抱えた方が相談にいらっしゃいますが、悩みはバラバラでも、ある一点では共通しています。**過去にたくさん心理学の本を読んだり、カウンセリングに参加したりしても、うまくいかなかった**という点です。

なぜそんなことになるのか。ここにこの本の根本があります。

そもそも自己肯定感ってなんなのでしょうか？

私は昨今の自己肯定感ブームで、ここが誤解されやすくなっているのではないかと少し心配しています。

自己肯定感とは

「自分はありのままでいい、生きているだけで価値がある、という感覚」

のことです。

自信があるとか、自尊心が高いとか、ポジティブだとかいったことは実は関係ありません。

例えば自信がなかったり、ネガティブだったりしても「自分はありのままでいい」という感覚があれば、自己肯定感は低くならないですよね。

その感覚があるかないか、どちらかですから、あの人は自己肯定感が50点、この人は30点、その人は90点……などと競ったり比べたりするものではありません。

だから、**自己肯定感を上げよう、高めようとするのは、ちょっと危ないんじゃないかなと思ってしまいます。**

自信が持てるなにかをつくらないといけないとか、ネガティブ思考じゃダメだとか、そういう**「べき論」のようになっていくと余計に心は苦しくなります。**

もちろん前向きなことはいいことです。でも「さあ前向きに！」「うつむいていたらダメダメ！」なんて言われたら、しんどくないですか？　これではまるでポジティブの強要、ポジティブハラスメントです。

だから私は、自己肯定感が低めの人のために、この本を書きました。

この先のページまであなたが読み進めてくれるならば、ひとつだけ、心構えを伝えておきましょう。

自己肯定感を高めようなんて思わなくていい。

これだけです。大事なのは、いろんな悩みや問題に直面したときに、自分はそういうものだと納得できること。

あなたに必要なのは、自己肯定感よりも「自己納得感」です。

良いも悪いも含めて今の自分にまず納得する。それがないと、いくら心理学を学んでも悩みは解消されないのです。

詳しくは本編に譲りますが、人は意外と自分のことを知りません。なにしろ普段の行動の9割が無意識だというくらいです。でもメンタルノイズを知れば、あなたが今まで意識していなかった自分が見えてきます。

本書では、ノイズとはなにかからはじまり、あなたのノイズの見つけ方、そしてノイズと上手に付き合うための心のエクササイズまでを解説しました。

前向きになろうとか、性格を変えようとか、メンタルを鍛えようとか言われても、急には無理ですよね。

まずはあなたが自己納得感を得ること。そんな低めのハードルからトライしてみましょう。

目次

第1章

自己肯定感が低い原因は、メンタルノイズ

第2章

あなたのノイズはどれ？ 14タイプのノイズ診断

第3章

日常で発動するノイズに気づく「裏表思考法」

第4章

1分でできる！ノイズに邪魔されない心をつくる10の「ノイキャン」エクササイズ

第5章

メンタルノイズを手放せば誰でも幸せになれる

第1章

自己肯定感が低い原因は、メンタルノイズ

自分なんて……
はちょっと
ストップ！

悪いのはメンタルノイズ

今度こそ痩せられると思ってはじめたダイエットだけど……、また続かなかった。

仕事でチャンスをもらったけど、失敗が怖くて、終わってみたらミスだらけ。

共感してもらえると思ってＳＮＳに書き込んだけど、会ったこともない人にまで誹謗中傷されて。

お金を貯めようとしたけど、半年経っても、まったく残高が増えない。

リモートワークならストレスから解放されるかなと思ったけど……、上司との関係が悪化して今日も眠れない。


ダメだなあ、うまくいかないなあ。

こんなことがあると、誰だってそう思います。すべてが完璧な人などいません。失敗して落ち込んだり、後悔したり、がっかりしたりするのは当たり前で、みんな同じです。

ところが、自己肯定感の低い人は、

「私ってなにやっても続けられない」

「私はうまくいったことなんてない」

「どうせ私は誰にも認めてもらえない」

などと、必要以上に自信をなくしたり、自分を責めたりしてしまいます。

ちょっと待ってください。

「自分なんて……」と思っているあなた、うまくいかない原因を間違ってませんか？

なにをやってもうまくいかないのは、あなたのせいだと思ってませんか？

痩せられないのも、ミスをするのも、誹謗中傷されるのも、貯金できないのも、そして上司とうまくいかないのも、実は、原因はほかにあります。

だから、「自分なんて……」と卑屈になるのは、もうやめましょう。

それでは、原因はなに？

それは、あなたの心の中にある「メンタルノイズ」です。
メンタルノイズがあなたを邪魔するから、なにもかもうまくいかないのです。

痩せないと
いけないのに
私ってダメだね
ノイズが邪魔
をしている

胸のザワザワの正体とは？

うまくいかないのは、心のノイズのせい。
急にそんなことを言われても、ピンとこないですよね。私も普段のカウンセリングでは、少しずつノイズを感じてもらうようにお話をしていきます。

この本を手にとってくださったあなたにも、「ノイズってこんなものか」と感じてもらえるように、順を追って話を進めていきましょう。

例えば、こんなことってないですか？
ＳＮＳで他人の投稿を見て「みんな充実している。自分はダメ」と凹んでしまう。
逆に自分は投稿したいネタも見つからないし、あっても投稿するのを躊躇してしまう。
「ＳＮＳうつ」なんていう言葉もあるくらいですから、割とよく聞く話じゃないかなと思います。

さて、こんなふうに凹んだり、躊躇したりしてしまうのって、なぜなんでしょうか？

とてもわかりやすい例なので、あなたも察しがついているかもしれません。

「仲間とワイワイ活動して映える投稿ができる人はスゴい」と思っていたり、「自分の投稿に『いいね』がつかないと格好悪いし、叩かれたりするのがイヤだ」と思っていたりするからですね。

実はこれがノイズの一種。

なんだか胸のあたりがザワザワ、もやもやする感じって、ありませんか？　そんなときはノイズがあなたの思考や行動を邪魔しています。

要するにメンタルノイズは、あなたがついやってしまう心のクセなのです。

簡単な例なら他にいくらでも思いつきませんか？

好きな人に「うっとうしいと思われたらイヤ」だから、声をかけたり、ＬＩＮＥを送ったりできない。

友達に「いいやつだと思われたい」から、頼まれごとを断れない。実際にはそうとは限らないのに、つい考えてしまう。それがノイズです。

こういうことが積み重なると「はあ、なんて自分はダメダメなんだ」と自己肯定感が低くなってしまいます。

胸のザワザワ、もやもやに、もし思い当たることがあるとしたら、ノイズが発動している証拠です。

いかがでしょうか？

ピンとこなかったノイズも、「まあ、こういうことならあるかも」くらいには感じていただけたでしょうか。

でもこれはノイズのほんの一部で、超入門編です。問題はここから先。

人の心理や脳の仕組みはとっても複雑で、**実はあなたがまったく無自覚で、考えてもみなかったようなノイズが、日常生活のいろんなところで発動しています。**

でも安心してください。そのノイズを見つける方法はあります。そして、ノイズが見つかれば「なぜかうまくいかない」状態を抜け出す大事な一歩になるのです。

「なぜかできない」＝「実はやりたくない」

さて、ここまでの話で少しでもノイズを感じられたなら、**「自分の心の中には、自分を邪魔するノイズがある」**というイメージを持ちながら、読み進めていってください。この本では、あなたに隠れて悪さをはたらく小悪魔のようなイメージでイラストにしています。**自分とノイズを分けて考える。**これが大事です。

さて、ここからはもう少し奥が深いメンタルノイズの話です。

また例を出してみましょう。

あなた、あるいはあなたのまわりの人で、毎年のように「今年は痩せる！」とか「今年こそ貯金する！」なんて誓いながら、全然実行できないようなことはありませんか？

私にも似たような経験はあります。こんなとき、「なんで自分はできないのかな」と悩んで、自己肯定感が低くなったりしますよね。

でも実は、これも心のクセ、ノイズのせい。メンタルノイズが無自覚なブレーキになっているんです。

痩せたいといつも言っている人が、心の中ではむしろ「痩せたら困る」と思っている可能性さえあります。

もし、あなたがそんなことを言われたら、「そんなわけない！」と思いますよね。

それはそうです。なにしろ、本人は痩せたいと実際に思っているわけですから。でも私がカウンセリングでいろいろお話を聞いていくと、**案外、本人が思っていること**

とは逆のことがノイズになっていることが多いんです。


例えば、痩せたいのに痩せられない人が相談に来たとしましょう。

本人は当然「痩せたい。痩せたほうがいい」と本気で思っています。


そこで私が質問します。

「どうしてそんなに、痩せたほうがいいと思うんですか？」

その人はこう言うでしょう。

「痩せてるほうが健康だし、見た目の印象もいいだろうし」


ポイントはここからです。

「痩せて困ることはまったくないですか？　それから、今のままのほうがいいと思うことも全然ないですか？」

と聞いてみると（実際にはもっと丁寧にやり取りしますが）、意外な答えが出てきて当の本人がハッとすることがあります。

「そういえば、無理にダイエットをしたのか、痩せた途端に病気がちになった人がいたので、気をつけないと。あ、あと恋人にする相手は、ぽっちゃりしてるくらいのほうがタイプです。親が痩せ気味で、あまり健康じゃなかったので」

もちろん本人は、聞かれたから答えただけ。

ですが、これが無自覚なブレーキになっているのです。つまり「痩せないほうがいい」というノイズがあるということ。

頭では「痩せたい」と思っているのに、心には「痩せないほうがいい」というノイズがある。頭と心があべこべです。

こういう状態に気がつかないでいると、自己肯定感はどんどん低くなっていきます。

自分の目の前には「痩せたい自分」と「痩せられない結果」しかないのですから、落ち込みますよね。**なんでうまくいかないのかわからないので、苦しく、生きづらくなってしまいます。**

それだけじゃありません。

少しふくよかでも好きなように生きている人が、うらやましく見えるかもしれません。しっかりと自己管理ができて、体が引き締まっている人に、引け目を感じるかもしれません。

「なぜかできないこと」は、実は「やりたくないこと」だったりします。なのに、ノイズに気がつかないと、「なぜ自分は……」という答えのないネガティブループにハマってしまう危険があるわけです。

まず**自分責めはやめましょう**。

そしてノイズに目を向けましょう。それだけで随分、心の持ちようは変わってくるはずです。

ノイズは
脳が勝手に
つくり出す

人の行動の9割は無意識

自分が頭で思っていることと裏腹に、心のクセがノイズとなって、思考をネガティブにするだけでなく行動にさえブレーキをかけてしまう。そんな話をしてきました。

でも、やっぱり不思議に思いませんか？　自分が痩せたいか、痩せたくないかもわからないなんて。知らない間に自分で自分にブレーキをかけているなんて。

しかし**無意識に思考や行動が変わってしまうのは、人の仕組みからすると、当たり前のこと**なんです。

さてここで質問です。

あなたは今、本を読んでいます。**ここまでページをめくるとき、「よし、めくるぞ」と意識してめくってきましたか？**

きっとほとんどの人が、わざわざ意識してページをめくることなんてなかったと思います。

何が言いたいのかというと、**あなたは意外と、無意識に行動している**ということです。

試しに、あなたの朝からの行動を振り返ってみてください。

布団は右手ではねのけてとか、トイレのドアノブは右手でひねってとか、歯ブラシはどの部分を握ってとか、レンジのボタンを人差し指で押してとか……。

その一つひとつを、どれだけ意識して行ったでしょうか。

そんなに多くありませんよね。あなただけでなく、私も、みんなそうなんです。

人間の行動は、90%以上が無意識に行われているとされています。

わかりやすいのが、自転車のこぎ方をいちいち意識しないように、意識しなくてもできること。

それから、ついやってしまうことも、いろいろと思い当たります。横断歩道で隣の人が歩き出すと、ついつられて歩き出してしまう。人が急に振り返ったり、上を見上げたりすると、つい視線を追ってしまう。

こんなふうに、**メンタルノイズもいつの間にか発動して、あなたが意識していない行動を勝手に起こしてしまう**んです。

最近、「習慣化」が大事だとよくいわれるのも、**意識より無意識のほうが圧倒的に強い**からです。ダイエットも筋トレも勉強も、意識せずにできるくらいじゃないと、続きません。

要するに、**意志の力なんて、大抵の人は大したことがない**んです。もしあなたが「意志が弱い」と悩んでいるなら、そう悲嘆することもありません。みんな同じです。

ノイズは無意識の中に隠れている

話が少しややこしくなってきましたね。

でも大丈夫です。あなたにとって大事なことだけ、かいつまんで説明します。

次のページの図を見てください。人間の意識と無意識を図式化したものです。

近年、脳科学やＡＩの研究が進んだことで、人間の意識と無意識の関係は、図のように無意識が上、意識が下という考え方が主流になりつつあります。

そして、無意識と意識の間に、潜在意識があります。無意識と潜在意識は、日常生活で自覚することはほとんどありません。

簡単にいうと、**意識というのは、あなたが普段自覚している思考や判断**です。例えば、「今年こそ痩せるぞ」と思うことや、「この本を買おう」と判断すること。

そして**無意識はそれ以外の、考えたり判断しないでもやっていること**です。先ほど

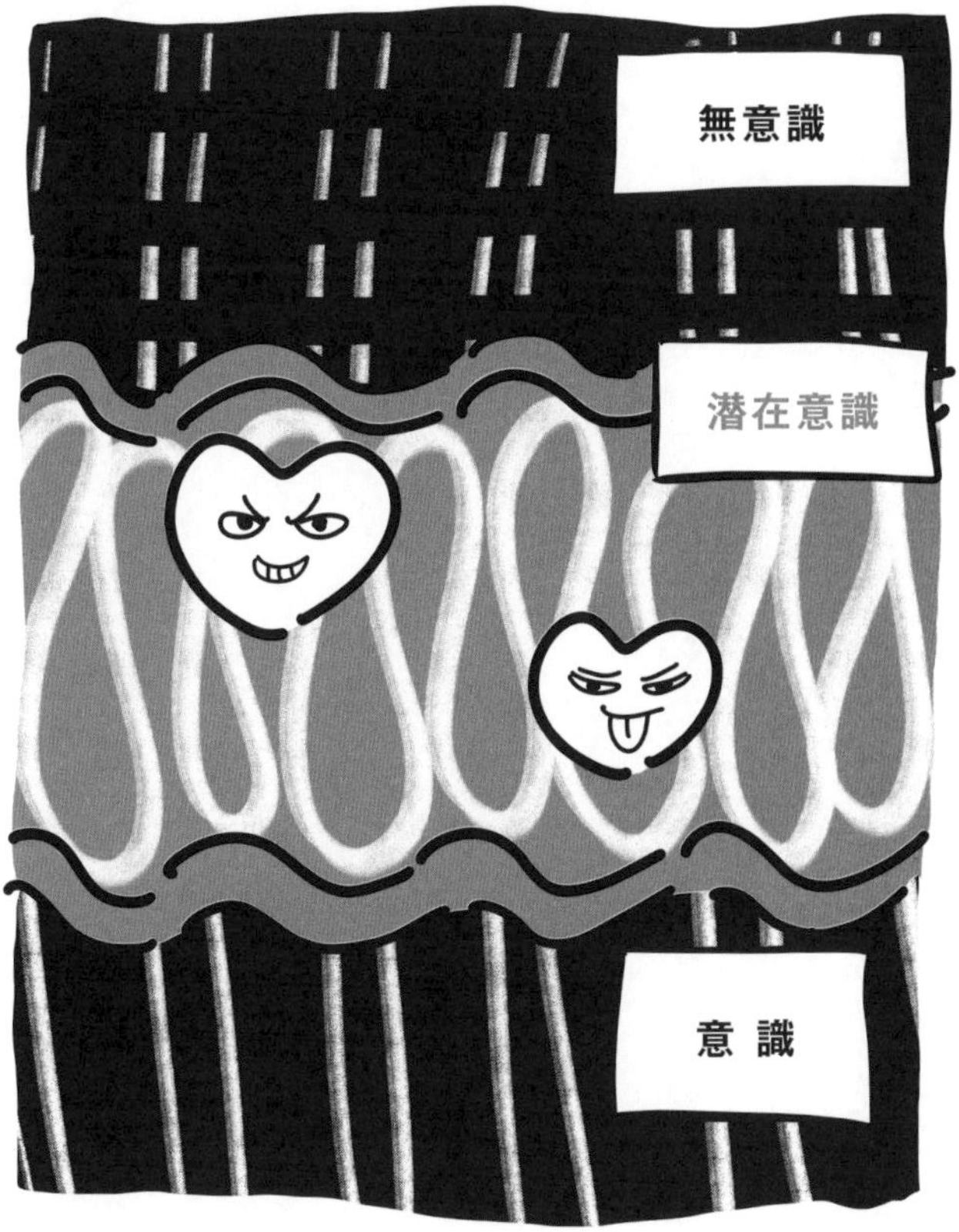
無意識
潜在意識
意識

説明した自転車のこぎ方や、歩き方やドアの開け方、それから呼吸などもそうです。

あなたの心のノイズは、無意識と意識のパイプ役にあたる潜在意識の中にあります。図で見ると海に沈んだ部分、つまり意識に出てくる前の部分にあるので、あなたは自分でもなかなか気がつかないのです。

メンタルノイズのイメージイラストを思い出してください。あのいたずら小僧は、あなたの心の奥に隠れて悪さをしているんです。

冒頭で「痩せたい」と思っているのに「痩せないほうがいい」というノイズがある人の例を出しました。

頭と心、意識と無意識にそんなあべこべが生じてしまうのは、人の仕組み上、当たり前のことなのです。

ところで、無意識と潜在意識はなにが違うのでしょうか？　それを次の項目で説明しましょう。

ノイズは生きる過程でどんどん増える

潜在意識は、あなたの自己肯定感ととても深く関わっています。

自己肯定感について「子どもの頃の教育や育て方が大事」とよくいわれるのですが、それは潜在意識が関わっているからです。

ここでまたひとつ、あなたに質問です。

泥棒は悪いことだと思いますか？　それとも良いことだと思いますか？

いろんな考えの人がいていいと思いますが、ほとんどの人は悪いことだと答えるでしょう。義賊のような良い泥棒も映画やドラマには出てきますけどね。

では、泥棒は悪いこと、とあなたが思うようになったのは、いつですか？

はっきりと覚えている人はいないでしょうが、なんとなく小学校に入る前にはそう思っていたのではないでしょうか。親に教わったか、うっかり何かを盗みそうになって叱られたか。

なんらかの理由で、泥棒は悪いと当たり前に思うようになったはずです。

このように、**生まれてから今まで、あなたのいろいろな体験の記憶を保管してあるのが、潜在意識**です。

ですから赤ちゃんの頃は、潜在意識は空っぽでした。赤ちゃんが泣いたり笑ったり、ミルクを飲んだりするのは、無意識そのもの。呼吸と同じく、ただ必要だからやっているんですね。

生まれた後にいろいろなことを体験すると、記憶が潜在意識にポンポン放り込まれていくのです。

脳科学によると、記憶には2種類あります。

ひとつは、体で覚える記憶（手続き記憶）。

もうひとつは、頭で覚える記憶（陳述記憶）。

赤ちゃんの場合、手続き記憶、陳述記憶の順に発達するといわれています。

また、陳述記憶には知識としてだけ残る意味記憶、時間や場所、そのときの感情まで残るエピソード記憶があり、意味記憶、エピソード記憶の順に発達します。3歳くらいまでの記憶がない人が多いのは、その頃まではエピソード記憶が未発達だからではないかと考えられています。


少し整理しましょう。

人は赤ちゃんの頃は無意識に必要なことだけをやっています。

そして成長するにつれていろいろな体験をして、記憶が潜在意識の中に放り込まれていきます。こうして潜在意識の中に溜まったものが、ノイズとしてすくすくと育っていくのです。

つまり、**あなたの邪魔をしているメンタルノイズも、あなたが生きてきた過程で後からつくられたもの**なんです。

元々はあなたも私も、ノイズもなければ自己肯定感に悩むこともありませんでした。アイドルやスポーツ選手や、ハリウッドスターだってみんな同じ。悪さをしているのは、潜在意識の中にいるノイズなんです。

6歳までの体験や記憶がノイズの素

さて、あなたの潜在意識には、どんなことが溜まっているでしょうか？　それは、あなたが育ち、生きてきた環境に大きく左右されます。

またまた質問です。

あなたは、お金儲けはたいへんだと思いますか？

それとも楽勝だと思いますか？

たいへんと答える人、楽勝と答える人、どちらもいると思います。

どちらが正解でも、どちらが不正解でもありません。育ってきた環境によって答えは変わります。

例えば、親が大金持ちで、家賃収入や株式投資などで上手にお金を増やしていたら、子どもは、お金儲けは楽勝だと感じやすいでしょう。欲しいものはだいたい買ってもらえるし、遊園地や旅行へもバンバン連れて行ってくれる。

そんな環境で育つと「お金は案外、らくに稼げるもの」とか「効率よく稼いで暮らすのが幸せ」という感覚になりそうです。

逆に、親が寝る間も惜しんで毎日クタクタになるまで働いて、ようやく生活費を稼ぐような姿を見てきたら、どうでしょうか。服は兄弟のおさがりで、ごはんを残したりすると大目玉をくらう。

そんな環境で育つと「お金は苦労して稼ぐもの」とか「慎ましくとも仕事があれば

幸せ」なんていう感覚になりそうですね。

「三つ子の魂百まで」というように、**幼少の頃の体験は、いつまでも心に残り続けるものです。**

このように、あなたの潜在意識に深く刻み込まれた記憶、考え方を、**心理学では「マインドセット」といいます。**スタンフォード大学の心理学教授であるキャロル・S・ドゥエック氏が提唱したものです。わかりやすく「価値観」「倫理観」「信念」と言い換えてもいいでしょう。

この**マインドセットの原形は、6歳までにつくられる**といわれています。

あなたも、子どもの頃の自分を思い出してみましょうか。こんな経験がありませんでしたか?

・「泣くんじゃない」とよく怒られた
・謝ると褒められた

潜在意識
パチ
パチ
パチ
パチ
①勉強したら褒められた
②泣いたら怒られた
③叩いたら嫌われた
④転んだら笑われた
①勉強すべき
②泣いちゃダメ
③ケンカは
よくない
④転んじゃダメ
マインドセット化

・ひとりで静かにしていると親が喜んだ
・大きな声で返事したら頭をなでられた
・隣にいた子を叩いたら、叱られた
・ウソをついたら、親が悲しんだ
・約束をやぶると外に立たされた

こうした体験一つひとつが、あなたの潜在意識の中に溜まって、ノイズの素になります。

冒頭の「痩せたいのに痩せられない人」の例を思い出してください。親が痩せ気味で病気がちだったという体験がノイズになって、痩せたいと思っているはずの自分に無意識のブレーキをかけていました。

たとえ些細なことでも、幼少期の体験というのは今のあなたに強く影響を与えているのです。

マインドセットをつくる要素のひとつが、**心理学や自己肯定感の話によく出てくる「禁止令」**。

・「ウソをついてはいけない」
・「人をバカにしてはいけない」
・「ごはんを残してはいけない」

これは、親に「〇〇してはいけない」と教えられたことです。

あなたも、ひとつくらいなら、すぐに思い出すかもしれませんね。
こうして潜在意識に刻まれた教訓が、メンタルノイズになることもあります。

私が、「メンタルノイズ」という言葉を使いはじめたのは、マインドセットの中には、そうした禁止令だけでなく、子どもが自分の判断で行動した体験も含まれることに気づいたからです。

先ほどの例でいえば、「ひとりで静かにしていると親が喜んだ」。

これは、子どもが自発的に行ったことで、褒められたのは、その行動に対する結果。この経験は、潜在意識にしっかりインプットされます。

強制的であれ、自発的であれ、幼少の頃につくられたマインドセットが、自分の心を邪魔することがある。これってどう表現したらいいのかな、と考えてつくった言葉が「メンタルノイズ」。

ノイズとは雑音という意味ですが、心に雑音があると気持ち良くないし、心が前向きにならないような気がしますよね。

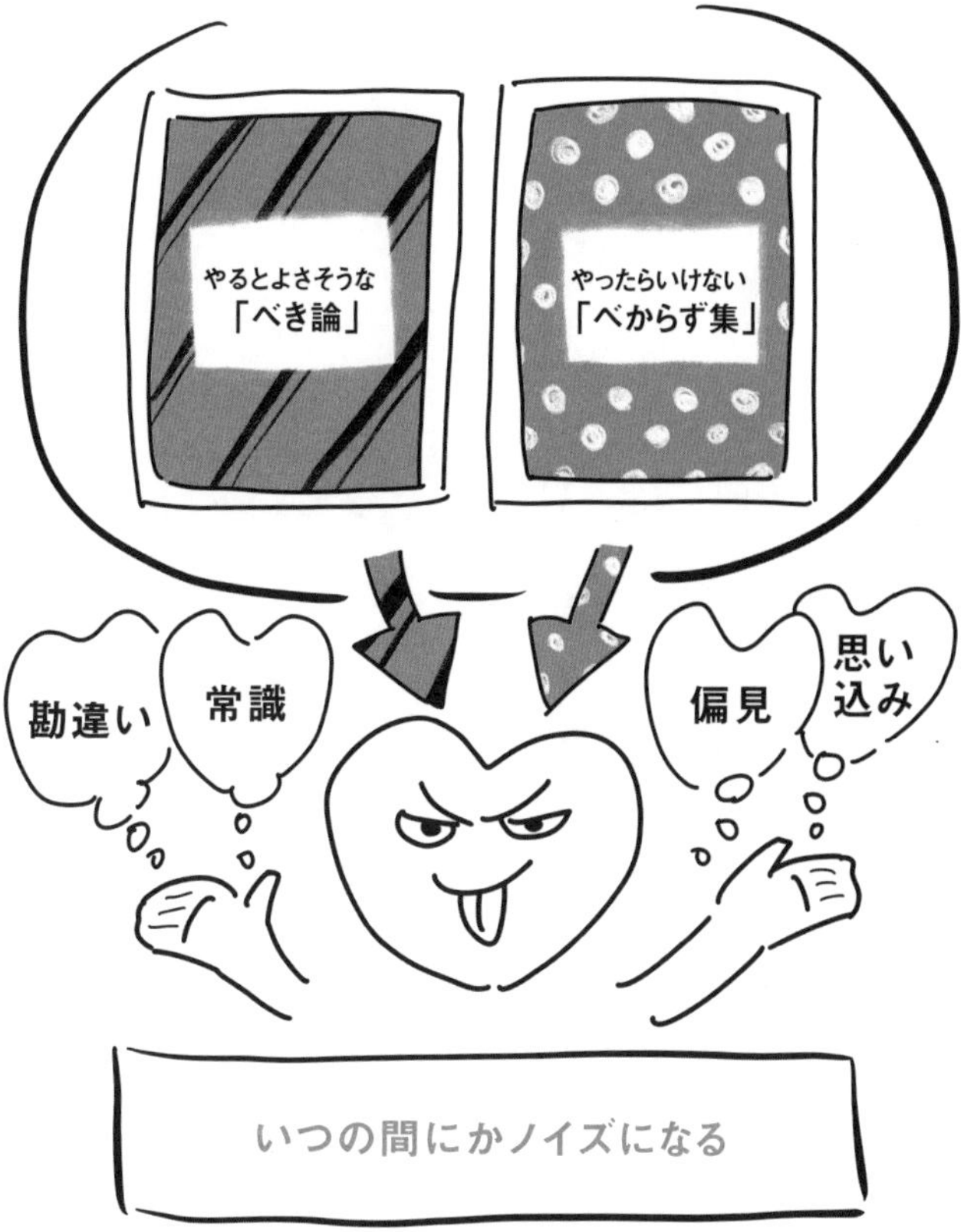
やるとよさそうな
「べき論」
やったらいけない
「べからず集」
勘違い
常識
偏見
思い込み
いつの間にかノイズになる

誰もが壮大な
勘違いの世界で
生きている

世界は「意識したもの」でできている

マインドセットは、わかりやすくいうと、子どもの頃につくられる**「思い込み」**です。勝手にそう思っているわけだから、勘違い。

大人になっても続くものだから、「壮大な勘違い」といっていいでしょうね。

そもそも私たちは、思い込みの世界で生きています。

あなたは、**カラーバス効果**という言葉を聞いたことがありますか？

例えば、黄色い車が欲しくなると、世の中に黄色い車が増える、という現象です。

それでは、今すぐ目をつぶって、まわりにあった黒いものを思い浮かべてみてください。何個出てくるでしょうか。10秒くらいでやってみましょう。

いくつ出てきましたか。それほど多くは思い浮かばないと思います。

それでは今度は、まわりを見渡して、黒いものを探してみてください。

まわりには黒いものがいくつもありますよね。もしかすると、黒いものだらけかもしれませんね。これは、「黒いもの」を意識しているからです。

黒いものを意識すると黒いものだらけに、白いものを意識すると白いものだらけに。まわりはなんにも変わっていないのに不思議ですよね。

自分の意識が変わっただけで見え方が変わる。それが、思い込みの世界、勘違いの世界。

私たちは、そんな思い込みの世界で生きているんです。

そして、その思い込みのままに生きていると、意識しないものはどんどんはねのけるようになるので、思い込みはどんどん強くなります。

上司や親や、近所のおじさんやおばちゃんのことを「頭がかたいなあ」と批判することもあるけど、あなたの頭もどんどんかたくなっているので注意してくださいね。

思い込みは、同じ経験を何度も繰り返すと、どんどん強くなります。

例えば、「言われたことは完璧にできなきゃダメ」というマインドセットがつくられたとします。そして、完璧にできたときは褒められ、できなかったときは叱られるという経験を何度も繰り返していると、完璧にやるのが当たり前になります。

そうして生まれるのが、「完璧でないといけない」というメンタルノイズ。

このノイズがあると、どんなこともちゃんとできないと自分を許せないし、ちゃんとできない相手にはイライラする。

なんでも完璧にできるのは素晴らしいことだけど、できないとダメってこともないですからね。もちろんミスはしないほうがいいですが、まったくミスしない人なんていません。**このノイズがあるから息苦しくなる**んです。

ノイズに気づく
＝自己認知の
スタート

真面目で優秀な人ほど要注意

メンタルノイズは、誰にでもあります。

そして、なくなることもありません。

なぜなら、経験したことはどんどん潜在意識に放り込まれるからです。**生きていると、だまっていてもノイズは増える**ものなんです。

そして、その素となる思い込みはどんどん強化されます。


でも、世の中には、メンタルノイズに邪魔されず人生を送っているような人がいますよね。なにをやってもうまくいく人や自己肯定感が高いといわれる人。

そんな人たちを見ていると、「メンタルノイズも私だけにあるのかな」と思ってしまう人もいるかもしれませんね。

念を押しますが、**メンタルノイズは誰にでもあります。**

でも、**ノイズに邪魔される人と邪魔されない人がいます。**

邪魔される人に多いのが、「真面目に頑張る人」。社会的には評価されるタイプですが、このタイプが実は危ない。

真面目な人がノイズに邪魔されやすい理由は、2つあります。

ひとつは、目の前にある問題を解決しようと、とことん向き合うから。問題からうまく逃げたり、目を逸らしたりすれば、ノイズに邪魔されることはありません。

でも真面目な人は、痩せないといけないのにどうして痩せられないんだろう、ミスしちゃダメなのにどうしてミスばかりするんだろう、どうしてできないんだろうと、あれこれ考えてしまいます。

そして自分の能力やメンタルのせいだと思っているので、ノイズという無意識のブレーキに気がつきません。

もうひとつは、決め事やルールに従順だから。

私がカウンセリングをした人の中には、学業や仕事でしっかり結果を出してきた人がたくさんいます。でも本人は、うまくいっていない悩みを抱えている。

こういう人に共通するのは、昔から親の教えや学校のルールをきちんと守り、「こうあるべきだ」という自分を頑張って実現してきたことです。だからノイズの影響を強く受けやすいのです。

何度やってもうまくいかないことや、長期間解決していないことは、ほとんどメンタルノイズが原因だと思ってください。

もちろん、真面目なことが悪いわけではなく、うまくいかない原因がメンタルノイズだということに気づいていないだけなんです。

悩んだら「ノイズ出たよ」

これから、あなたのメンタルノイズの探し方や邪魔されない方法を紹介していきますが、その前に覚えてほしいのは、ノイズを意識すること。

悩んだときや、うまくいかないときは、とりあえずノイズのせいにしちゃいましょう。

「ノイズ出たよ」
「またノイズ出てるかも」
そんな具合で口に出してください。

ダイエットがうまくいかなかったときも、仕事でミスしたときも、上司とぎくしゃくしたときも、資格試験に失敗したときも、海外留学を挫折したときも、すべてノイズのせいにするんです。

今の自分を認めたり、受け入れたりするには、まず自分を客観視することが大切。うまくいっていない当事者から抜け出すんです。第三者の目で状況を見ると、意外にたいしたことなかったり、悩んでいることがバカバカしかったりすることもよくあります。

心理療法の「自己認知」とか、「自己認識」ということですが、自分を客観視するって、そう簡単にできることではないですよね。そんなときに使いやすいのがメンタルノイズです。悩んだらとにかくメンタルノイズのせいにして、自分の外に出してしまうイメージを持つ。これが自己認知、自己認識をやりやすくします。

どうしようもなくて苦しい

自己認知＝解決のスタートライン

簡単なノイズの見つけ方

メンタルノイズのせいにするには、ノイズの存在に気づくこと、そして具体的にノイズを見つけることです。

ただし、人それぞれマインドセットが異なるように、メンタルノイズは無数にあります。

次の章からは、あなたのノイズの見つけ方を解説していきましょう。

見つけ方は大きく2つです。

ひとつは、**14の代表的な「あるある」ノイズをヒントにして、自分に当てはまりそうなものを見つける**方法。これを使えば、潜在意識の奥深くにあって自分ではなかなか気づけないノイズを見つける手がかりになります。

もうひとつの方法は、**「裏表思考法」**です。

これは比較的、自分でも気がつきやすいノイズを見つけるための方法。普段の生活の中で悩みに直面したときに、誰でも実践できます。

第2章ではまずひとつ目の方法として、次の14のノイズを紹介していきます。占いや性格診断に近いものですから、ゲーム感覚で気軽に読んでみてください。

①ダメ出しノイズ（自分は重要でないほうがいい）
②ありのままの自分封印ノイズ（自分のままでいないほうがいい）
③思考停止ノイズ（自分は考えないほうがいい）
④他人ファーストノイズ（欲しがらないほうがいい）
⑤謙虚謙遜ノイズ（受け取らないほうがいい）
⑥出ない杭ノイズ（達成しないほうがいい）
⑦石の上にも三年ノイズ（がまんしたほうがいい）
⑧他人がこわい裏切りノイズ（信用しないほうがいい）

⑨ちゃんとしなきゃノイズ（子どもでないほうがいい）
⑩幸福恐怖症ノイズ（幸せにならないほうがいい）
⑪完璧主義ノイズ（完璧でないといけない）
⑫タイムイズマネーノイズ（急がないといけない）
⑬おもてなしノイズ（喜ばせないといけない）
⑭ドMノイズ（努力しないといけない）

そんなノイズが自分にあるはずがないとか、そんなの人として当たり前、常識じゃないの？　と思ってしまうようなものが並びましたね。

でもこれは、私のところに「私は自己肯定感が低いので……」、「自分に価値があると思えなくて……」、「私はなにをやるにしても自信がなくて……」などと相談してきた人たちの傾向です。

ぜひあなたも「自分、これかも」と思うノイズを見つけてみてください。それだけで、心がらくになります。

第2章

あなたのノイズはどれ?
14タイプのノイズ診断

悩みの「あるある」
でわかる、
あなたの
メンタルノイズ

ノイズ診断の２つの基準

第1章で紹介したように、自己肯定感が低い人たちを悩ませる、主なメンタルノイズは14個。どれかひとつでも、**「私ってそうかも」と該当するものがあれば、「自分なんて……」と思ってしまう状況と自分を変えるチャンスです。**

・思っていることを伝えられなかったのに伝えられるようになる
・何年もチャレンジしてきたことが、やっと実現する
・ひとりで考え込むことが多かったのに、人に相談できるようになる
・頑張ってきたことが認められるようになる
・あれこれ考えて躊躇していたことをはじめられるようになる

あなたを悩ませてきた「できなかったこと」が「できる」ようになるんです。

ただし、**潜在意識の深いところにあるメンタルノイズは、気づきにくいのがやっかい。**気づくには、専門的なカウンセリングが必要になることも。

そこで本書では、あなたを悩ますメンタルノイズが見つかるように、2つの判断基準を設けました。

ひとつは、あなたが**どんな悩みを持っているか。**

14個のメンタルノイズは、それぞれに、そのノイズが原因となって起きている悩みがあります。

・なにをするにしても自信がない
・つい人と比べて落ち込んでしまう
・自分で決められない
・言いたいことが言えない
・いつも相手の顔色が気になる……

該当する悩みがあれば、あなたのメンタルノイズを探すヒントになります。

もうひとつは、あなたが**どんな環境で育ってきたか。**

メンタルノイズの素は、子どもの頃につくられるマインドセット。環境が異なれば、生まれるノイズも異なります。子どもの頃を振り返ってみると、「だから、そうなんだ」と気づくことが多いと思います。

・厳格な家庭で育てられた
・いつも頭をなでられながら育てられた
・親がなんでもしてくれたので、自分はなにもしなくてよかった
・時間を守ることは厳しく言われ続けた……

該当する環境があれば、それがあなたのメンタルノイズの素です。

ただし、メンタルノイズが生まれた環境がわかったからといって、親を責めるようなことはしないでくださいね。すべては、あなたのため。だから、あなたは、こうして生きているんですからね。それでは、ひとつずつ紹介していくことにしましょう。

1

自信がない、自分にはできないと思ってしまう

［ノイズの症状あるある］
・人前で話したりするのが苦手でドキドキする
・ちょっとしたミスが気になって、1日中どんよりとした気分になる
・責任ある仕事を任されるのが怖い
・「負けちゃいけない」と気を張っているから、家に帰るとどっと疲れる
・「これやりたい人は手を挙げて」と問われると、言った人と目が合わないように、つい下を向いてしまう……

なにをやるにしても自信がないから、堂々とできないし、ちょっとした失敗でも長々と引きずるのが、このタイプ。

自分には価値がないと勘違いしているんです。

だから、責任ある立場を避けようとするし、「自分はこの程度」とすぐに妥協します。なかには、その勘違いを人に悟られないように、過剰に見栄を張ったり、自信満々に振る舞ったりする人もいます。

自分に自信が持てない人にあるのは、

「ダメ出しノイズ」

です。

このノイズは、ダメ出しを繰り返される環境で育った人によくあります。

「おまえは、片付けもできないのか、ダメだなあ」
「おまえには、まだお母さんの手伝いはできないから」
「サッカー選手なんて、なれるもんじゃない」
「こんな漢字も書けないのか」

そんなふうに、**なにかやるとダメ出しされたり、否定されたりすることが続くと、子ども心に「自分は大事な存在じゃない」と思うクセがついてしまいます。**また、相談したくて自分から親に話しかけたときに無視されたり、バカにされたりすることが多いと、その思いはさらに強くなります。

生まれたときから自分はダメだと思っている赤ちゃんはいません。なのに、今は、自信をまったく失ってしまっています。

ということは、誰かがあなたに「あなたはダメ」と教え込んだだけ。

誰かに押し付けられた「ダメ」を、今も大事に持っておく必要はありませんよね。

自分の価値は自分で決めていい。ダメ出しは単なる心のクセ。

貧乏ゆすりや爪を噛むクセを治すように、「あっ、やばい、またやってる」と、気づいたらやめていきましょう。

「自分の価値を他人に決められる人生を、いつまで続けたいですか？」

2

つい人と比べて凹んでしまう

［ノイズの症状あるある］

・SNSでいきいきした人の投稿を見ると嫌な気分になり凹んでしまう
・頑張っているのに、ほかの人のほうが評価されていると思ってしまう
・身近な人の「いい報告」や同僚・友達が褒められても素直に喜べない
・人からの評価が過剰に気になり、他人と自分をいつも比較してしまう
・場の空気に流されがちで、自分の軸がない、自分がよくわからない

SNS疲れとよくいわれますが、身の回りにすごくうまくいっている人がいると、ついつい比べて自分はダメだと凹んでしまうようなこと、ありますよね。

ふと目について心がザワザワするのは、だいたいは自分よりできている人や優れた人。だから、比べる度に落ち込む。

さらに、今度は自分より下の人を見て安心していたり、そんな自分を嫌悪したり、ネガティブな感情がぐるぐると渦巻いてしまいます。

自分軸がないから、相手の期待に応えて、無理してしまうところもあります。

すぐに人と比べてしまう人にあるのは、

「ありのままの自分封印ノイズ」

です。

「ありのままの自分でいるとダメ」だから、他人の評価を気にし過ぎて、他人が承認する自分になろうとするタイプ。

このノイズは、「ありのままの自分」を認めてもらえず、**誰かの理想を押し付けられる環境で育つとつくられます。**

「隣の○○ちゃんは、この前のテスト満点だったって、偉いねえ」

「お兄ちゃんは3年生でできたんだから、おまえもできるはずだからね」

そんなふうに兄弟だったり、ほかの家の子だったり、一般的な基準などで評価されることが多いと、そっちに合わせるべきなんだと思い込んでしまいます。親やまわりが勝手に決めた理想を押し付けられるようになると、「自分のままでいないほうがいいんだ」という思いがどんどん膨らんでいきます。

自分封印ノイズが育つと、自分がわからなくなって、まわりがとても気になります。人と比べても仕方ない、なんて言われても、そう簡単に切り替えられないですよね。

でも、ありのままの自分を出せないのは、勝手な思い込みが原因。あなたは、まわりの人を実は見下しているんです。**まわりの人は、あなたが「ありのままの自分」で生きたら認めてくれない、友達でいてくれない、そんな心の狭い人ばかりですか？**

そんなことはないですよね。１人でも、２人でもいいので、出せそうな人から、ありのままの自分を少しずつ出す練習をしてみましょう。

「ありのままの自分がダメだからと、『認めてもらう自分』をつくってはいけない」

3

自分で決めるのが苦手、決断力がない

［ノイズの症状あるある］
・欲しい洋服があるのに、迷っているうちに売れてしまった
・レストランでメニューを決められなくて、友だちにイライラされる
・「海外旅行に行きたい！」と毎年思うのに、いつまでも行けないでいる
・いつも思考が堂々巡りして、考えると疲れる、結論が出せない
・長年、ダイエットのことばかり考えているのに、まったく痩せない
・「君はどうするのがいい？」と意見を求められると、毎回答えに窮する

決めるのに時間がかかる、いつまで経っても決められない、優柔不断でチャンスを逃しがち。

いつもグズグズしてばかりいる自分を発見すると、イヤになりますよね。小さなこともなかなか決められないのだから、結婚や転職、起業などといった大きな決断は、なおさら無理。なんでもパパッと決める人が身近にいると、自分のダメさ加減がさらに気になってしまうかもしれません。

決めるのが苦手な人にあるのは、

「思考停止ノイズ」

です。

決断力がないのではなく、**「自分が考えたり決めたりしないほうが、うまくいく」と思い込んでいる**タイプです。このノイズは、なんでも他人が決めてくれる環境で育つとつくられます。

「ハンバーグよりエビフライのほうがおいしいよ」

「黄色よりピンクのほうがかわいいよ」

そんなふうに、自分はこっちのほうがいいんだけどなあと思っているのに、過保護・過干渉の親やまわりに、なかば強制的に決められる経験が多くなると、「自分は考えないほうがいいんだ」と思うようになり、**自分で考えないクセがつきます。**

また、大人同士が話し合っているところに混ざっていって「あっち行ってなさい」

「子どもはいいの」と追い返されたりすると、「自分の意見は大事じゃないんだ」「考えなくていいんだ」というノイズは、さらに大きくなります。

思考停止ノイズは、とても怖いノイズです。**自分で考えない心のクセがついてしまっているので、影響力の強いもの（マスコミの大げさな報道、著名人や政治家の発言、世間・大衆のムード）に、自分が簡単に流されてしまいます。**

自分の思考を取り戻すためには、なにか情報を目にしたとき、耳にしたときに、一旦すべてを疑ってみる、ちょっとイヤな奴になってみましょう。疑うためには自分の思考を使わなければならないので、ノイズを小さくしていくのに効果的です。

「思考停止は自分の停止。自分の停止は人生の停止。それって楽しい？」

4

言いたいことが言えない

［ノイズの症状あるある］

・今日は肉が食べたかったのに、反対されるのが怖くて言い出せない
・自分の欲求を出して自由に生きている人を見ると、イライラ、もやもやする
・手伝ってほしかったけど、結局遅くまで1人で残業する
・「やりたい人は挙手して」と言われても、手を挙げられない
・自分がなにをやりたいのかわからなくなっている

言いたいことが言えなかったり、すぐに遠慮してしまう人っていますよね。それで本人が納得していればいいけど、あとから「言っとけばよかった」とか、「断らなきゃよかった」と後悔するようだと、悩みのタネになります。

自分の主張ができなくなると、なにを望んでいるのか自分でもわからなくなることがあります。それが行き過ぎると、やりたいことが見つからない、やりたいことがわからないという悩みにまで発展してしまいます。

言いたいことが言えない人にあるのは、

「他人ファーストノイズ」

です。

自分を後回しにして他人優先で考える。そんなノイズは、家族に気を遣う環境で育つとつくられます。

多くの一般家庭なら、どこでも、子どもの要望すべてには応えられないものです。子どもだって、お父さんとお母さんとのやりとりの中で、「自分の家がお金持ちなのかどうか」「お父さんやお母さんは忙しい人なのかどうか」くらいはなんとなく察知します。そして、子どもなりに気を遣うようになり、「自分が欲しいものを欲しいと言わないほうがいい」と思い込みます。

特に気を遣うのが長男や長女、そして兄弟が多い家庭のお兄ちゃん、お姉ちゃんたち。「お兄ちゃんなんだから」「お姉ちゃんなんだから」などと日々言われ続けると、自分の欲求を言えなくなって、そのクセが大人になっても続くのです。

メンタルノイズは、無自覚に、自動的に働きます。

だから、自分で気づいて「やめよう」という意識を持つのが、クリアの第一歩。

「他人ファーストノイズ」のやめ方は、いきなり自己中心的になれと言っても難しいので、**まずは「自分のイヤ」「本当はやりたくない」に気づく**ようにしましょう。

そして、もしやめられそうなら少しずつやめてみる。やめられそうもないことは、「自分はイヤだけどやっている」と自覚する。

最初から全部を変えようとせず、少しずつがポイントです。

「自分ファーストで生きる初めの一歩は、自分のイヤを大切にすること」

5

認めてもらえない、評価されない

［ノイズの症状あるある］

・褒められても素直に受け取れない。謙遜したり、ソワソワ落ち着かない
・ちゃんと評価してもらえていない気がする
・理想的な相手だと引け目を感じて、付き合っても長続きしない
・リーダーや責任者に推薦されると断ってしまう
・同期はどんどん昇進するのに、自分だけ置いていかれている
・自分の商品やサービスが、クオリティは素晴らしいのに売れない

こんなに頑張っているのに認めてもらえない、評価されていないと悩む人たちがいますよね。

お金とか、地位とか、結婚とか、目に見える形では認めてもらえていないとき、**実は、そもそも自分のほうが、称賛や愛情、思いを見逃していたり、自分から受け取らずに、打ち返したりしていることが多くあります。**

認めてもらえないと思う人にあるのは、

「謙虚謙遜ノイズ」

です。

このタイプの人は、他人に評価されないと嘆く一方で、**潜在意識の中では、愛情や賞賛を素直に受け取れなくなっています。**

「よくやった。けど、これで満足してちゃダメだ」

「すごいな。でも、謙虚な姿勢は忘れちゃいかんぞ」

学業や仕事やスポーツでいい成績を収めても、こんなふうに釘を刺されることがあります。これで気を引き締めてさらに成長できる人もいますが、思い切り喜べない歯がゆさを感じる人もいるでしょう。

自己肯定感の低さが原因で、無自覚に受け取り拒否している人もいます。

「自分にはこの程度でいい」「自分なんてこんなもの」と思っていると、**他人から褒められたり、評価されたりしても、そんなのは自分に値しないと、受け取り拒否が発動する**のです。

認めてもらえない、受け取り拒否、必要以上の謙虚謙遜は、心理療法的にはちょっと根深い問題で、**９割９分の確率で、母親との関係性に根本の原因があります。**

少しヘビーかもしれませんが、この２つの質問を、ゆっくり時間をとって、思い出しながら考えてみてください。

認めてもらえない　↓　お母さんに自分のなにを認めてもらいたい？

受け取り拒否　↓　母親からもらっているものでなにを受け取り拒否してる？

「受け取り拒否の謙虚謙遜はスネてるだけ。早く素直な大人になろう!!」

6

ゴール目前で失敗する、チャンスに弱い

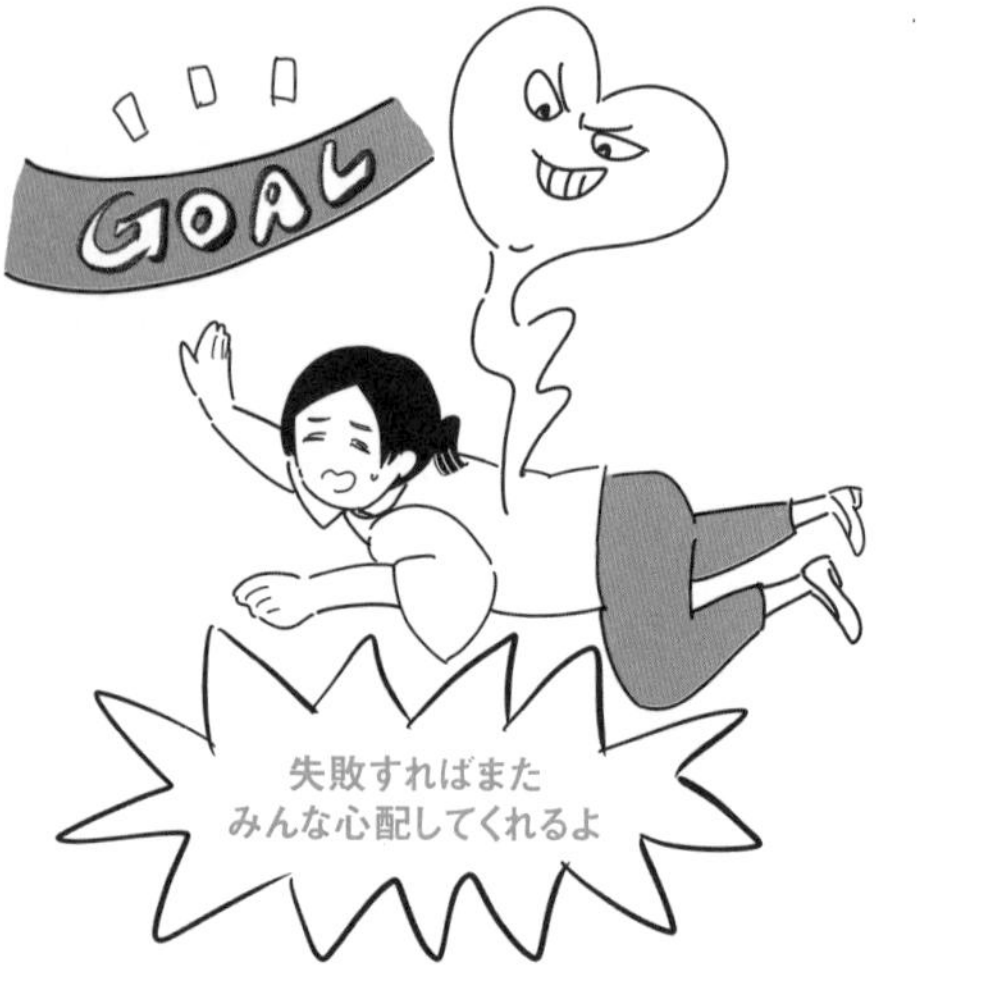
GOAL
失敗すればまた
みんな心配してくれるよ

［ノイズの症状あるある］
・目標体重まであと少しだったのに、飲み会を断れなくてリバウンド
・せっかく旅行のための貯金をしていたのに、衝動買いで散財しちゃった
・リーダーを任されたのに、遅刻して降格させられた
・これまでの人生、いつもなぜか本番に弱いと感じる
・あとは契約を交わすだけだったのに、直前の電話で失言して断られた

いいところまでいったのに最後の最後で失敗する。

大きなチャンスをもらったのに凡ミスでこける。

そんな詰めが甘いタイプがいます。

どうしても最後の山を乗り越えられないことを繰り返すと、**できないことばかりに目が行くようになって、自分へのダメ出しが過剰になります。**自分に厳しくなり過ぎて、今度は自分を追い込むことになってしまいます。

あと一歩でうまくいかない人にあるのは、

「出ない杭ノイズ」

です。

出る杭は打たれる。そんな言葉があるように、**目立ったり成功したりすると、かえって叩かれてしまうときがあります。**

例えばテストで100点を取ったら、やっかみを受けた。
真面目にやって先生に褒められたら、仲間外れにされた。
ゲームで勝ったことを喜んだら友達が不機嫌になった。

昔からそんな経験が刷り込まれていると、**なにかを達成すること自体を、心の奥で拒んでしまうようになります。**

また、少しドジで隙があるほうが、まわりから愛されたり、かわいがられたり。そんな日常が続くと、**「達成しないほうがいいんだ」**とか、**「成功しないほうが得だ」**という妙な勘違いが生まれます。

心理療法と聞くと身構える方も多いのですが、実際はとても簡単。言い方を悪くすると、バカみたいな方法が、すごい効果を発揮することも多々あります。

「出ない杭ノイズ」の悪影響がある人に、ほぼ間違いなく共通する行動のクセがあります。このクセの矯正が、ノイズの解消にかなり効果的です。それは……、

ペットボトルやコップの飲み物を、最後まで飲み切らずに少しだけ残すクセ。

このクセを矯正して、飲み物を飲み切るようにしてみましょう。最初は意外と難しいので、ぜひトライしてください。

「出ないための抑えるエネルギーを、出過ぎるための押し上げエネルギーにしよう」

7

頑張っているのに報われない

［ノイズの症状あるある］

・会社の業績が悪くボーナスも出ない。がまんしているけど先行きが不安
・「ここで1年頑張ったら上のポジションに行けるから」と言われて3年経つけど、3年前となにも変わらない
・結婚したいのに……、2人の関係をいつまで続ければいいの……
・誰もやりたくない仕事に、つい手を挙げてしまい後悔することが多い
・人の分まで働いているつもりだけど、年収はさっぱり増えない

頑張っているのにいいことがないと、心も体も疲れてしまいます。「もう少しだから」とか、「きっといいことがあるから」と励ましてくれる人はいるけど、どれくらい頑張ればいいのか目標がないと続かないですよね。

そもそも、頑張っているのに結果が出ないと、自分の能力をどんどん信じられなくなってくるし、自信もなくなってきますよね。

頑張っても報われない人にあるのは、

「石の上にも三年ノイズ」

です。

「がまんは美徳」という価値観が日本人には根強く残っています。

「今はたいへんだけど、ここを乗り切るとうれしいことがあるから」

「〇〇ちゃんは、がまん強い子だから、きっと成功する」

ひと昔前の日本の家庭によく見られた光景です。

あなたも、「わがままばかり言ってないで」とか、「がまんできて偉いね」と親に言われたことがありませんか？　大人になってからも、根性があるというのは割と評価されやすいポイントだったりします。

メンタルノイズは、**同じノイズでも時代によって、良い効果が得られることもあれ**

ば、悪い方向に働くこともあります。

戦後から高度成長期まで、経済や社会の発展が右肩上がりで、がまんしていればそのうち良いことがあった。しかも仕事や生き方の選択肢は少ない。そんな時代なら、「石の上にも三年ノイズ」は最強の処世術でしょう。

でも、今は違います。がまんしていたら会社がつぶれた、リストラされた、夫が不倫していたなんて、当たり前の時代。同時に、仕事や働き方、生き方の選択肢は、数えきれないほど増えています。

こういう時代は、**がまんなんてしてないで、さっさと身軽に移るのが、人生を楽しくするのに効果的な方法**なのです。

さて、どうでしょう？　がまんを手放してみますか？　手放せそうですか？

「自分が好きでやりたければ三年続けてもいいけど、そうでなければ三日でやめろ!!」

8

人付き合いが苦手

［ノイズの症状あるある］
・人と仲良くなれない、距離感が縮まらず、なかなか打ち解けられない
・人と親密になると、自分から壁をつくって遠ざけてしまう
・人に仕事を任せるのが苦手で、いつも抱え込んでしまう
・誰かと一緒にいて気まずくなることがよくある、沈黙が苦手
・人を信用したいのに、人から裏切られることが多い気がする

人に近づくのが怖かったり、人と親密になると居心地の悪さを感じたり、人と一緒にいるとリラックスできなかったり……。

人とうまく付き合えない人は、ほかの人と適度な距離感をつくるのが、苦手な傾向があります。

どこまで心を開いていいのかわからないから、結局、誰に対しても心を閉じる。

そして、ひとりがらくだからと、ひとりでいることが多くなります。

人とうまく付き合えない人にあるのは、

「他人が怖い、裏切りノイズ」

です。

対人関係が苦手で、人を遠ざけてきたことで、人を見る目が養われずに、普通なら信用しない人を信用して、裏切られやすくなることもあります。逆に、対人関係は問題ないのに人に裏切られやすい人も、このノイズが影響しています。

このノイズが育つきっかけは、些細なことだったりします。いつも優しい母親が、急に不機嫌になって怖い思いをする（人は信用できない）。大好きだった祖父母が亡くなってしまって悲しい思いをする（人に近づき過ぎると、痛い目を見る）。そういった対人関係で突然傷つく経験が潜在意識の中に溜まっていき、いつしか**「人は信用しないほうがいい」「安易に近づかないほうがいい」**というノイズになっていきます。

コミュ障だとか口下手だとか、自分に問題があると思いがちですが、実はそれはあなたが**自分を守るためにつくり上げたノイズ**のせいなのです。

実は、メンタルノイズには解消する方法と、逆に利用する方法があります。

「他人が怖い、裏切りノイズ」は、普通に生きていると、対人関係に問題が出たり、人から裏切られたりします。この特徴を逆に利用して、**パっと見だと「苦手だな……」「あやしいな……」「うさんくさいな……」という人にあえて近づいてみる。**この人はいい人だなと思った人とは、あえて一定の距離をとるようにしてください。

普段と逆の行動をすると、ノイズの影響を逆利用して、人付き合いが苦手でも付き合ってくれる人や、本当に信用できる人と出会えるようになります。

「類は友を呼ぶ、メンタルノイズも人を呼ぶ」

9

うまく人に頼れない、気を遣い過ぎて疲れる

［ノイズの症状あるある］

・人に頼るのが苦手で、いつも自分だけ残業になってしまう
・簡単に人に助けを求める人や、わがままな人を見ると、イライラする
・人の面倒ばかり見ているのに報われず、いつも自分が損をする
・なにをやっても人に気を遣ってばかりで、自分が楽しめない

分別がある人、いつも大人の対応ができる人がいます。でも、無理してそう振舞っているのがこのタイプ。

常に人からの評価が気になって、誰からも嫌われたくないので、甘えられないし、わがままも言えないし、誰かに助けを求めることもできません。

自分の思いを抑圧していることが多く、自由奔放に生きている人を見ると苦々しく思うこともあります。

うまく人に頼れない人にあるのは、

「ちゃんとしなきゃノイズ」

です。

大人として、ちゃんと自立しないといけない。

至極まっとうな考え方ですが、**自分だけが割を食っていると感じたり、うまく立ち回る他人が卑怯で小ずるく見えたり、自由に振舞う人が子どもっぽく思えたりする**のは、ちゃんとしなきゃノイズのせいです。

このノイズは育ってきた環境の影響を強く反映しています。例えば、弟や妹がいると「お兄ちゃんだから、お姉ちゃんだから」と言われて、子どもなのにしっかりすることを求められる場面が多くなります。両親が共働きで忙しくしていたり、病気で入院していたりしたら、なおさらです。

そうすると「子どもでないほうがいい、自分がちゃんとしなきゃ」という思い込みが強くなり、**よく言えば気遣いができる、悪く言えば顔色をうかがう性格が強くなります。**結局、過剰に大人に見られようとしたり、無理していい人でいようとして、自分の子どもっぽい部分を押し殺すことになり、どんどん息苦しくなっていきます。

このノイズがやっかいなのは、周囲が求める以上にちゃんとしてしまうこと。実際はそこまでしなくてもいいのに、自分の思い込みで「ここまでちゃんとしないと、人に嫌われる」「人に迷惑をかけてはいけない」と、勝手にハードルを上げています。

なので、解決策はできる範囲で、できる場面から、ちゃんとするのをやめて、どれくらいまで人に迷惑をかけても許してもらえるのかをリサーチしてみること。

コンビニのレジで、少し愛想を悪くしてみるくらいからはじめてみましょう。

「ちゃんとしてるあなたしか認めてくれない。そんな人とは距離をとってよし」

10

いいことが続くと怖くなる、心から安心できない

［ノイズの症状あるある］
・長い休みや遊びが、心から楽しめず逆に不安になる
・ボーッとくつろいでいることができない。なにもしないと罪悪感がある
・幸せは長く続かないと思って、いいことが続くと怖くなる
・人生全般で、わざわざ苦労してやりがいや達成感を得ようとする
・慢性的に疲れているのに休めない、頑張り過ぎてしまう

こういうことで悩む人は、まわりからは幸せそうに見えても、まわりから「よかったね」と言われるようなことが起きても、内心はざわついています。

「これでいいんだろうか」「いつか悪いことが起こるのではないか」と、**いつも満たされずに、安心できません。**

満たされていないから、なにかしていないと不安になるし、なまけることに罪悪感があるのです。

常に満たされない人にあるのは、

「幸福恐怖症ノイズ」

です。

自分が幸福な状況に馴染めないとか、自分が幸福であってはならないというノイズは、**特に日本では非常に多くの人が心の奥底に抱えています。**

このノイズがあると、幸せにならないのはもちろん、一度幸せになっても、あえて不幸になる状況を引き寄せて、幸せから自分で自分を引きずり降ろそうとします。

誰もがうらやむ結婚の後、不倫で破局。急成長で成功した起業家が脱税で逮捕。人気絶頂のタレントがスキャンダルで失脚といった例は、このノイズが主な原因です。

両親が苦労していたり、不遇をがまんして家族のために仕事を続けていたり、忙しくてつらそうな姿を日常的に見ていると、子ども心に「自分だけ幸せにならないほうがいい。お父さん、お母さんと一緒につらくなろう!!」と勘違いがはじまります。

もちろん、当人はそんな勘違いを覚えていないのですが、**潜在意識レベルでは幸せに対して疑いと恐怖が深まり、逆に苦労が絶えない状況にいるほうが安心できるようになってしまう**のです。

解消法は、両親がどんなに悲惨な状況だったとしても、「本人たちがやりたくてやっていた」という事実に気づくことです。子どもから見ると、お父さん、お母さんがかわいそう……。

でも、そのときの両親は実は立派な大人で、その状況に甘んじている必要はなかったし、いつでも抜け出せたはず。**子どものあなたが責任を感じる必要はない**のです。

「両親は、自分がやりたくて苦労していた。この事実に気づくと人生が激変する」

11

行動力がない、やる気が出ない

［ノイズの症状あるある］

・「ブログを書く」と決めてアカウントをつくったのに、結局書いていない
・とりあえずシューズやウェアを買うけど、買って満足してしまう
・起業、副業の準備ばかり数年していてはじめられない
・絶対に失敗したくない、失敗したと思われるのが怖い
・仕事で部下や後輩が育たない、子育てでいつもイライラして疲れ果てる

やろうと決めたことがあっても、実際に動き出すまで時間がかかる。そんな自分がイヤになることってありますよね。

仕事も趣味もフットワークが軽い人や、どんなことにでも躊躇なく飛び込んでいけるアクティブな人を見ると、自分はそういうタイプじゃないとわかっていても相手のほうが優れていると感じてしまいます。

あまりにも慎重だと、頭でっかちだとか、口ばかりだとか、ネガティブな評価をされることもあります。

行動力がない人にあるのは、

「完璧主義ノイズ」

です。

このノイズは、ミスが許されない環境で育つとつくられます。

「明日のテストは、絶対に100点とりなさいね」

「あんなところでミスするから勝てないんだよ」

「昨日教えたのに、もう忘れたの？」

なかなか厳しいですよね。でも、完璧主義のお父さんやお母さんだとしたら、子どもを正しく導いているつもりだし、いたって普通のしつけです。そんな環境で育つと、「完璧でないと生きていけないんだ」と子どもは思ってしまいます。

そして、そのしつけが厳しければ厳しいほど、**徹底的に自分に甘えを許さない人間に育ちます。**

もちろん、自分に厳しいことは悪いことではありません。大切なのは、時と場合と使い方。厳しくしたほうがいいときは厳しく、緩めたほうがいいときは緩めるのがコツ。なのに、それがブレーキになってあなたを苦しめてはいないでしょうか。

世の中に「完璧なもの」はありません。どんなに素晴らしい作品も商品も料理もサービスも、子育ても。すべて「その時点で」という但し書きが付きます。

あなたにとっての完璧は、誰かにとっての未完成かもしれません。誰かにとっての完璧が、あなたにとっての全然かもしれません。

ないものを突き詰めているのだから、行き過ぎたら苦しくなって当たり前。

完璧ではなく、「今のベスト」を目指すように心の目線をシフトしましょう。

「腹も仕事も八分目くらいがちょうどいい」

12

凡ミスが多くて人に迷惑をかけてしまう

［ノイズの症状あるある］
・時間に余裕があっても、なぜか最後はバタバタする
・いつも焦っていて、なにかに追われているような気がして落ち着かない
・スケジュールを無理そうでも詰め込んで、休みがとれない
・のんびりしている人、行動が遅い人が苦手、イライラする
・せっかちで早いことがいいことだと思っているので人がついてこない

時間に厳しい人っていますよね。

時間を守るのは社会人として常識ですが、時間にこだわり過ぎて、自分も相手も急かしてしまうのがこのタイプ。

ゆっくりやればできることなのに、急ぐことでミスを繰り返したり、ときには大失敗をやらかしたり。結果、思い通りにいかなくて、「自分はできない人間だ」と落ち込む。単に焦っているだけなんですけどね。

凡ミスを繰り返す人にあるのは、

「タイムイズマネーノイズ」

です。

このノイズは、せっかちな環境で育つとつくられます。

遊園地には、朝から夜までのスケジュールをぎっしり詰めて出かける。休日に家でゴロゴロしていると「やることはないのか」と叱られる。なにかにつけて「急げ！早く！」と急かされる。

そんなお父さんやお母さんに育てられると、子どもながら**「時間がもったいないから、早くしなきゃいけないんだ」**と思うようになります。一般的には「正しい」と思われている、しつけですよね。

ところが、厳し過ぎると、**意味なく時間に追われる**ようになります。「あと30分で次のアトラクションに行かなきゃ」とか、「あと1時間で10個の問題を解かなきゃ」

などと、決められた時間でもないのに、時間を区切って、自分を急かすようになる。

それが繰り返されると、急ぐことが標準になってしまい、落ち着いたほうがいい場面や、じっくり取り組むべきことも急いでしまい、凡ミスにつながるのです。

このノイズの悪影響が出やすいのが、**親と子どものミスマッチ**です。

親がせっかちなのに、子どもがマイペースでのんびり屋さんだと、子どもは自分のペースならミスをしないのに、親に急がせられるからミスをして、自分を責めます。

このノイズが思い当たるあなたは、本来はのんびり屋さんです。

自分を急がせないで、ゆっくり食事をしたり、ゆっくり歯磨きをしたりして、自分本来のペースをまず再確認してみましょう。

「時は金なりなのに果報は寝て待て。ことわざは自分に合ったものを選んでいい」

13

人の評価が気になって仕方ない、繊細さん

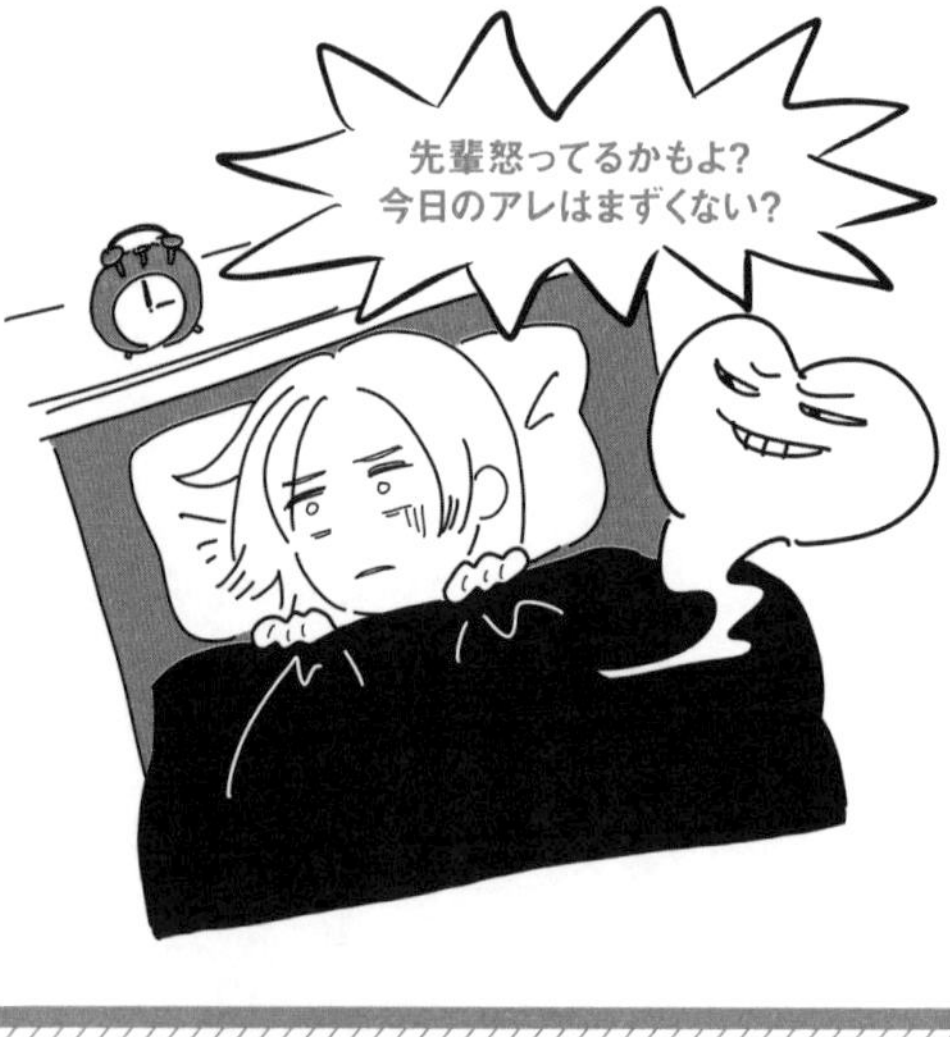
先輩怒ってるかもよ?
今日のアレはまずくない?

［ノイズの症状あるある］
・誰かに言われた一言が気になって、相手の気持ちを想像して不安になる
・自分の一挙手一投足で、怒らせたかも、嫌われたかもと被害妄想になる
・どう思われるか気になり過ぎてＳＮＳに投稿できない
・その場は楽しいのに、後になって心配事が湧いてくることが多い
・場を盛り上げようとして頑張るけど、１人になるとぐったり疲れる

人に喜んでもらえるのはうれしいもの。でも、そのことばっかり考えて、相手の顔色が気になって仕方がなくなる、**自分を犠牲にしてまで他人を喜ばせてしまうのがこのタイプ。**

少しでも暗い表情をしたり、けげんな顔をしたりすると、「どうしたのかな？」「なんか気にすること言ったかな？」と気になる。しかも、そういうちょっとした表情やしぐさを見逃さない。ほかの人といるだけで、どんどん疲れてしまいます。

人の評価が気になる人にあるのは、

「おもてなしノイズ」

です。

このノイズは、サービス精神旺盛な家族のいる環境で育つとつくられます。

地元の祭りがあると、仕事を休んででも参加するお父さん。

家に誰かが遊びに来ると、食べきれないくらいのごちそうをつくるお母さん。

夏休みに親戚の子どもが遊びに来るとなると、いつも以上に気合いが入るお母さん。

「人のためになることをしなさい」「人に喜んでもらうとお金が儲かるんだよ」と、親に教えられると「人を喜ばせるのはいいことだな」と子どもは思い込みます。

でも、祭りから帰ってきたお父さんが疲れた顔をしていたり、お客さんが帰った後にお母さんがしんどい顔をしていたりすると、子どもは **「自分はがまんしてでも喜ば**

せたほうがいいんだ」と勘違いしてしまいます。喜ばせることに自己犠牲があると、「喜ばせなければいけないんだ」という義務感になります。**「自分も楽しいし相手も楽しい」と、「自分はたいへんだけど相手は楽しい」は大違い。**

「おもてなしノイズ」にやられると、**まわりは喜んでくれても、いつか自分が疲れ果てて燃え尽きます。**そうならないために、自分の喜びと人の喜びの関係性を逆転させないといけません。

自分は楽しくないけど人が喜ぶことは少しずつやめて、自分も楽しくて人も喜んでくれることの比重を、できるところから増やしていけるといいですね。

「本当のおもてなしは、自分をもてなした者だけが長く提供できる」

14

努力しているのに結果が出ない

［ノイズの症状あるある］
・土日も休まず働いて、成績はようやく人並みか下降線
・なにかというと反射的に「頑張ります」と言ってしまう
・ブラックな環境から何年も抜け出せない
・懸賞やくじで当たった記憶がない
・とんとん拍子でうまくいっている人を見るとイライラする
・投資は絶対に失敗すると思っていて手が出せない

なにかを得るために努力するのは当たり前。

なんとからくして稼ぎたい、成功したいと思っている人からみても、日本人なら「まあ、そうだよね」と納得する考え方です。

ただし、努力することにこだわり過ぎると、結果が出ないと「努力が足りない」と考えて、努力以外の方法を無視するようになるし、棚からぼたもち的な幸運を受け入れられなくなります。

努力しているのに結果が出ない人にあるのは、

「ドMノイズ」

です。

努力の大切さは、どこの家庭や学校でも、繰り返し教えられます。目標を達成したり、大きな願望を実現するためには、努力して当たり前。

問題なのは、**努力そのものに過剰に価値を置いてしまうこと。**努力が大切になり過ぎると、「つらいことをしていれば良いことがある」という勘違いに潜在意識レベルで変換されます。

これが意味なく自分を追い込んで、努力を空回りさせるドMノイズの正体です。このノイズに汚染されると、困ったときにとりあえず努力しておこうという、安易な考えに流されて、本当に効果的な解決策にたどり着けなくなる危険があります。

もっと最悪なのは、努力は人に認めてもらいやすいので、**結果が出なくても「努力**

していれば大丈夫」と潜在意識レベルで悪い思い込みが生まれてしまうのです。

こうした努力中毒に陥る原因は、本当の努力とはなにかを知らないからです。

世間で超人的な努力をしているように見える人は、実は、いわゆる一般的なつらい努力、きつい努力をしているという感覚が本人にはありません。

スポーツにしても仕事にしても、ただ好き過ぎて、もっとうまくなりたい、もっといいものをつくりたいから、ひたすら熱中して取り組んでいる。その打ち込む姿勢が、まわりから見ると、すごい努力をしているように見えるだけなのです。

努力が苦にならない仕事、やりたいことを見つける。少し目線を変えるだけでも、ドMノイズはやわらいでいきますよ。

「自分は努力していると思った時点で、努力中毒のはじまり」

第2章 まとめ

14個のメンタルノイズをおさらいしておきましょう。
うまくいかないなあ、
自分はダメだなあと思ったときは、
このどれかのノイズが邪魔している可能性があります。

ノイズ01

【悩み】自信がない、自分にはできないと思ってしまう

【幼少期】ダメだしを繰り返される環境で育った

【ノイズ】ダメ出しノイズ

【最初の一歩】自分にダメ出ししていることに気づいたら、やめる

ノイズ02

【悩み】つい人と比べて凹んでしまう

【幼少期】いつも誰かの理想を押し付けられていた

【ノイズ】ありのままの自分封印ノイズ

【最初の一歩】1人でいいので、ありのままの自分を出せる人を見つける

ノイズ03

【悩み】自分で決めるのが苦手、決断力がない
【幼少期】親やまわりの人がなんでも決めてくれた
【ノイズ】思考停止ノイズ
【最初の一歩】どんな情報もいったん疑う、ちょっとイヤな奴になってみる

ノイズ04

【悩み】言いたいことが言えない
【幼少期】家族に気を遣うことが多かった
【ノイズ】他人ファーストノイズ
【最初の一歩】イヤだなと思うことを少しずつやめてみる

ノイズ05

【悩み】認めてもらえない、評価されない
【幼少期】良い結果でもなかなか褒めてもらえなかった
【ノイズ】謙虚謙遜ノイズ
【最初の一歩】お母さんに認めてもらいたいことを考えてみる

ノイズ06

【悩み】
ゴール目前で失敗する、チャンスに弱い

【幼少期】
少しドジったり、失敗したりしたことを喜ばれた

【ノイズ】
出ない杭ノイズ

【最初の一歩】
ペットボトルやコップの飲み物を最後まで飲み切る

ノイズ07

【悩み】
頑張っているのに報われない

【幼少期】
親やまわりに「がまんするのは素晴らしいこと」と教えられた

【ノイズ】
石の上にも三年ノイズ

【最初の一歩】
がまんしていることを、ひとつだけやめてみる

ノイズ08

【悩み】
人付き合いが苦手

【幼少期】
親が豹変したり、祖父母が亡くなったりなど、突然傷ついた経験がある

【ノイズ】
他人が怖い、裏切りノイズ

【最初の一歩】
イヤだなと思う人にあえて近づいてみる

ノイズ09

【悩み】うまく人に頼れない、気を遣い過ぎて疲れる
【幼少期】大家族だったり、両親が共働きだったりして、子どもらしくできなかった
【ノイズ】ちゃんとしなきゃノイズ
【最初の一歩】誰かに、少しだけ迷惑をかけてみる

ノイズ10

【悩み】いいことが続くと怖くなる、心から安心できない
【幼少期】両親が苦労していたり、いつもつらそうな顔をしていた
【ノイズ】幸福恐怖症ノイズ
【最初の一歩】親は「苦労したくて、苦労していたんだ」と考えてみる

ノイズ11

【悩み】行動力がない、やる気が出ない
【幼少期】徹底的に甘えを許さない完璧主義の親に育てられた
【ノイズ】完璧主義ノイズ
【最初の一歩】完璧ではなく、「今のベスト」を目指してみる

ノイズ12

【悩み】
凡ミスが多くて人に迷惑をかけてしまう

【幼少期】
時間に厳しいせっかちな親に育てられた

【ノイズ】
タイムイズマネーノイズ

【最初の一歩】
ゆっくり食事をしたり、ゆっくり歯磨きしたりしてみる

ノイズ13

【悩み】
人の評価が気になって仕方がない、繊細さん

【幼少期】
サービス精神旺盛な家族のいる環境で育った

【ノイズ】
おもてなしノイズ

【最初の一歩】
自分は楽しくないけど人が喜ぶことを少しずつやめてみる

ノイズ14

【悩み】
努力しているのに結果が出ない

【幼少期】
家庭や学校で「努力の大切さ」を繰り返し教えられた

【ノイズ】
ドMノイズ

【最初の一歩】
努力しているとは思わない夢中になれるものをひとつ探す

第3章

日常で発動する
ノイズに気づく
「裏表思考法」

ノイズの
発動を察知する
一番簡単な方法

「おかしい」と思ったら、すぐに使える

第2章では、14タイプのノイズの中から、あなたの心に根付いたノイズを探してみました。

ここからは、**日常生活の中で悩みや問題に直面したときに、手軽にノイズに気がつく方法**を紹介します。

私にあったのは、「お金は苦労しないと稼げない」、言い換えると「お金は苦労して稼ぐもの」というメンタルノイズです。

私は以前、投資をしていたことがありますが、そのとき、このノイズが原因でスランプに陥ったことがありました。

株式取引やFX（外国為替証拠金取引）などの投資で成果を出すには、専門知識が必要です。もちろん、私も勉強しました。そして、ある程度の知識を身につけると、比

較的らくに成果を出せるようになります。実際、私も成果が出るようになりました。

ところが、ある金額に到達すると、それ以上はどうしても成果を出せない。

ことごとくミスや失敗を繰り返す。

どうしてなのか考えていたときに、気づいたのが、「お金は苦労して稼ぐもの」というメンタルノイズ。

楽しく仕事をしているようには見えなかった父、節約を心がける母。そんな2人を見ていたことで「らくして稼いではいけない」という思い込みがつくられたのでしょう。そこから生まれた**「お金は苦労して稼ぐもの」というメンタルノイズが、ある金額以上の成果を出すことにブレーキをかけていた**のです。

結果的には、この経験が今の私をつくることになりましたが……。

こんなふうに、ふだんの生活で「あれ？」「おかしい」と思ったら、すぐに使えるのが裏表思考法です。

●本書へのご意見・ご感想をお聞かせください。

ご協力ありがとうございました。

郵便はがき

切手を お貼りください

105-0003

（受取人）

東京都港区西新橋2-23-1
3東洋海事ビル

（株）アスコム

「自己肯定感低めの人」のための本

読者　係

本書をお買いあげ頂き、誠にありがとうございました。お手数ですが、今後の出版の参考のため各項目にご記入のうえ、弊社までご返送ください。

お名前	男・女	才
ご住所　〒		
Tel	E-mail	
この本の満足度は何％ですか？		％
今後、著者や新刊に関する情報、新企画へのアンケート、セミナーのご案内などを郵送またはE-mailにて送付させていただいてもよろしいでしょうか？ □はい　□いいえ		

返送いただいた方の中から**抽選で3名**の方に
図書カード3000円分をプレゼントさせていただきます。

当選の発表はプレゼント商品の発送をもって代えさせていただきます。

※ご記入いただいた個人情報はプレゼントの発送以外に利用することはありません。

※本書へのご意見・ご感想およびその要旨に関しては、本書の広告などに文面を掲載させていただく場合がございます。

この方法は、私のところで行っている相談者との一対一のカウンセリングによる手法を、ひとりでできるようにアレンジしたものです。

ぜひ、あなたのメンタルノイズを見つけてください。

環境によってマインドセットは
人それぞれ違う
ゴゴゴゴ…
稼ぐには
苦労が必要!
らくして
稼がないとね!

逆のことを考えてみるとノイズが見えてくる

痩せられないのは「痩せないほうがいい」と思っているあなたがいる。

第1章で話したことですが、うまくいかないときは、「うまくいかないほうがいい」という思いが隠れていることがあります。

それが、あなたの本音・本心。

そして、メンタルノイズになって、あなたにブレーキをかけます。

メンタルノイズになる本音・本心を探し出す方法は、実は簡単です。

これから紹介する**「裏表思考法」**を身につければ、あなたも本音・本心に気づけるようになります。

それでは、あなたのメンタルノイズを見つけるために、まずは頭のトレーニングから。頭をやわらかくしないと、潜在意識の中に眠っている本音・本心を引っ張り出せませんからね。

最初の質問です。

あなたは、今より広いところに引っ越しを予定しています。

引っ越すとどんな良いことがあるか考えてみてください。

・気分一新できる
・解放感で、気持ちにゆとりが生まれる
・山積みになっていた本や洋服を整理できる
・趣味の部屋をひとつつくれる
・大きなソファが置ける
・部屋の中でヨガができる
・友だちを呼んで食事会ができる
・在宅勤務用の部屋がつくれる

まだまだあると思います。思いつくだけ考えてみてください。
それでは次の質問。
今度は逆に、引っ越すとどんな困ることがあるか考えてみてください。

・家賃が上がる
・エアコンがもう一台必要になる
・掃除する場所が増える
・役所や郵便局など、いろいろ変更届け出が必要になる
・カーテンを買い足さなければいけない
・インテリアを買い足さないと殺風景になる
・友だちの家が遠くなる

「広い家に引っ越す」と聞くと、良いことだらけに思えますが、引っ越したら困るこ

ともたくさんあるんですよね。

あなたが思いついた良いことも困ることも、すべてあなたの潜在意識の中から出てきたものです。もちろん、思い浮かべたことに正解も、不正解もなく、「広い家に引っ越す」ことに対するあなたのイメージを並べただけ。

ここで**覚えておいてほしいのは、ものごとには必ずメリットとデメリットがあることと**です。

そう、うまくいかないほうが良いことだってあるんです。

目標達成の
デメリットと
現状維持の
メリット

課題が解決すると、困ることがある

裏表思考法のやり方はシンプルです。あなたがなにかに行き詰まったり、うまくいかなかったときに、２つのパターンで考えてみるだけです。

①うまくいったら実は困ること
②うまくいかないほうが実は得すること

まずは、**うまくいったら実は困ることです。**
例えば、あなたが「田舎に移住したい」と思ったとします。でも、実現すると、こんな困ることがあるかもしれません。

田舎に移住すると、

・親しくしていた人たちと会えなくなる
・今の会社を辞めると収入が下がる

・都会での仕事の実績が通用しなくなる
・車を買わないと生活できない
・映画館が遠くなる
・週に1回のテニスができなくなる
・いろんなところへの住所変更などの手続きが面倒くさい

例えば、あなたが「英語圏へ海外留学したい」と思ったとします。でも、実現すると、こんな困ることがあるかもしれません。

海外留学すると
・留学すると貯金が0になる
・帰国したら、仕事がなくなるかもしれない
・しばらく友だちに会えなくなる
・胸を張って帰ってこられなかったら格好悪い

・途中帰国するかもしれない
・今の恋人が待ってくれているとは限らない
・毎年参加していた地元の祭りに参加できない

実現したいけど、実現したときに困るという思いが潜在意識にあると、いざ行動しようというとき、無自覚にブレーキがかかります。

実現したときに困ることなんて、普通考えませんからね。だから、意識的に裏表思考をしないと、心のノイズに自分で気がつくことができません。そして、「できなかった結果」だけが残り、どうして自分はできないんだとクヨクヨしてしまうわけです。

課題を解決しないほうが得することがある

次は、**うまくいかないほうが実は得すること**です。
先ほどの例で考えてみましょう。

例えば、今の都会でのマンション暮らしから「田舎に移住したい」を実現しないほうが、こんな得することがあるかもしれません。

都会暮らしを続けると、

・年間1000万円という収入を確保できる
・車がなくても困らない
・困ったときに相談できる人が近くにいる
・行きつけのレストランで食事ができる
・自然災害にあう確率が低い
・毎週テニスができる

例えば、今の国内企業での営業職から「英語圏へ海外留学したい」を実現しないほうが、こんな得することがあるかもしれません。

国内で今の仕事を続けると、

- このままキャリアを積めば、収入が上がる
- これまでの人脈がずっと使える
- 留学代金で海外旅行に10回行ける
- 実家暮らしだから、お金が貯まる
- 英語が話せなくても困らない
- 今の恋人と別れなくていい

この例では、**あえて裏表思考をしたからフラットに考えられていますが、これをやらないと自分を責めてしまいます。**なにしろ自分は間違いなく実現したいと思っているのですから。

でも**心の奥の奥では、案外、今のままで変化を望んでいないことがある。**すると、知らず知らずのうちに行動にブレーキがかかったり、うまくいかないほうを選択してしまったりするわけです。

「心のノイズメモ」で
ノイズを可視化する

考えないでメモをつけるだけ

・あなたの「こうなりたい」「こうしたい」が実現したときに困ること
・あなたの「こうなりたい」「こうしたい」が実現しないほうが得すること
を考えてみる。

これが、「裏表思考法」です。簡単ですよね。
これで、あなたを邪魔するメンタルノイズが見つかります。

どんなことにも、必ずメリット、デメリットがあります。

うまくいかなくて原因探しをはじめたら、あれこれ考える前に、「裏表思考法」を実践しましょう。出てきた本音・本心の中に、あなたにブレーキをかけているノイズがあります。

裏表思考法を実践するときに注意するのは、**頭の中で終わらせるのではなく、紙と鉛筆を用意するか、スマートフォンやパソコンを使って、「心のノイズメモ」として書き出す**ことです。

これまで気づかなかった潜在意識にあるものを引っ張り出すわけだから、書き留めておかないとすぐに忘れてしまいますからね。

それから、**思いついたら、すぐに書く**こと。

頭の中で書こうかどうか考えないように。

あなたの中にある倫理とか道徳、常識、正義、良識、悪、正解、不正解といったものは、すべて取っ払って、**思い浮かんだものは片っ端から書き出しましょう。**誰に見せるものでもないですからね。

メンタルノイズが見つかったら、紙ならゴミ箱に捨てればいいし、スマートフォンやパソコンなら消去しちゃえばいいだけだから。

「死ぬ」「生きたくない」「悲しい」「動きたくない」「不倫したい」「子どもが嫌い」など、ネガティブな言葉や社会常識に照らすとどうかなあと思っても、そのまま書く。

また、**同じ言葉が出てきたときは、繰り返し書いてください。**「寂しい」と何度も出てきても、続けて書き出しましょう。

以前、私のところへ相談に来た人の中に、「死にたい」「死にたい」「死にたい」と何度も書き続けた人がいました。ところが、書き続けていたら、ある瞬間から「僕、死にたいんですかね」と言いはじめ、「死んではいけない」とか、「親が悲しむ」とか、ポジティブな言葉を書き出しはじめました。

心の奥にあることを引っ張り出すとは、そういうこと。

ネガティブを抑え込んでポジティブなことを書いてもつらいだけです。

ネガティブな言葉が浮かぶなら、それを出し尽くすと、どこかで底打ちしてポジティブに自然と変われます。

なんなら、ネガティブなままでもいい。出せば、出した分だけ心のデトックスにつながります。

書き出すだけでも、人の心って変わるものなんです。

裏表思考法でほかに意識するのは、**最低6個は書き出すようにする**こと。それ以上書き出してもかまいませんが、最初の目標にしましょう。

最低6個なのは、6個はマジックナンバーといわれていて、6個を超えて出てくることが潜在意識の奥のほうに眠っていることといわれているからです。

6個出てくるようになると、すぐに10個、20個と出てくるようになります。

あきらめもひとつの前進

書き出したものは、どれもあなたの潜在意識にある本音・本心。

どれかがあなたにブレーキをかけています。

これかなと思うものから、解決する方法を具体的に考えましょう。

それが例えばお金の問題なら、こんなことが考えられるかもしれません。

先ほどの田舎への移住なら、年収が下がっても暮らしていく方法を考えてもいいし、田舎にいても年収が下がらないビジネスを考えてみるのもいいでしょう。

海外留学なら、時期をずらして貯金を増やすことを考えてもいいし、今の仕事と留学での経験を活かせる方法を考えてみるのもいいでしょう。

ノイズがノイズでなくなれば、あなたの「こうなりたい」「こうしたい」は実現します。これが、本当の解決策というものです。

もちろん、メンタルノイズが見つかって、「なんだこれか」とわかっただけでスッキリしたら、それでもＯＫ。「できるかなあ」とか、「失敗しそうだなあ」という不安よりも、「こうなりたい」「こうしたい」という方向に気持ちが向くはずですからね。

裏表思考法で書き出した本音・本心をながめていると、実は、もうひとつの選択肢が出てくることもあります。

それは、「こうなりたい」「こうしたい」をあきらめること。

今のままでいい、という結論です。

メンタルノイズは、潜在意識に隠れていた、あなたの本音・本心。

つまり、「こうなりたい」や「こうしたい」を**実現できないほうがいいと思っているのも、あなただということ**です。

だから、「田舎に移住しないほうがいい」「海外留学しないほうがいい」という結論も、それはあなたが望んでいることなんです。

あきらめたからといって、ネガティブにとらえる必要はまったくありません。

実現に向けて頑張るにしても、あきらめるにしても、これまであなたを悩ませてきた課題、心のブレーキは、これで決着がつきます。

最後に裏表思考法を実践するときの注意点をもうひとつ。

書き出したメリットやデメリットがピンとこなくて、すぐにはスッキリしないことがあるかもしれません。

そんなときは、**無理にスッキリしようとしない**でください。心地良くなろうともしないでください。もやもやしたら、もやもやしたまま。

スッキリしないのは、書き出した言葉をながめて、今まで思い込んでいたものが本当なのかなと思っているだけ。時間をおいてもう一度ながめてみたり、新たにメリット、デメリットを書き出してみたりしていると、「あっ、これ」という、あなたを邪魔するメンタルノイズが必ず見つけられるはずです。

裏

痩せるとこんな

困ったことが。

洋服を買い替えないといけなくなる
好きなものが食べられなくなる
まわりの人に心配されるかも
いまの彼にふられるかも
運動苦手なのに習慣にしなきゃ……

表

痩せるとこんな

うれしいことが。

どんな服も着こなせるようになる
みんなから注目される
モテるようになる
スポーツが楽しくなる
外出するのがうれしくなる……

痩せたい…

痩せられない…

裏

痩せられないとこんな

得することが。

好きな食べものをがまんしなくいい
洋服を買い替えなくていい
苦手な運動を続けなくていい
健康を心配されることがない
彼にふられることもないかな……

表

痩せられないとこんな

イヤなことが。

着てみたい服が似合わない
誰も注目してくれない
モテない
体が重くて動くのがおっくう
外出するのがイヤだ……

第3章 まとめ

裏表思考法をおさらいしておきましょう。
うまくいかないなあ、自分はダメだなあと思ったときは、
ルールに従って裏表思考法を実践し、
あなたを邪魔するノイズを見つけましょう。

裏表思考法のルール

① うまくいかないことを書き出します。
② うまくいかないことが出来たときのデメリットを書き出します。
③ うまくいかないままでのメリットを書き出します。
④ 書き出すときは、頭に思い浮かべるだけでなく、紙やノート、もしくはスマートフォンやパソコンなどにメモすること。
⑤ 思い浮かんだものは、片っ端から書き出すこと。
⑥ 最低6個以上、書き出すこと。
⑦ 一度でノイズが見つからなかったら、時間をおいて再度書き出してみること。

第4章

1分でできる!
ノイズに邪魔されない
心をつくる
10の「ノイキャン」
エクササイズ

心の免疫力を
高める

ノイズに影響されないように体質を改善しよう

あなたを邪魔するメンタルノイズは探せましたか？
あれもできない、これもできないと悩んでいたことや、なにをやるにしても自信がなくてすぐに弱気になっていたり、やる気がなくなったりしていたのも、すべて原因はメンタルノイズです。

「うまくいかないのはノイズのせいだったんだ」と気がつくだけで、スッと心がらくになる人もいます。

なんでうまくいかないんだという得体の知れない不安から解放されるからです。
人付き合いが下手、決断力がない、行動力がない、といった悩みがあっても、**潜在意識の中で育ってきたノイズの存在に気がつくと、「自分が悪いわけではないんだ」と自分責めをやめられる。**

ネガティブな面も含めて、自分を肯定できるようになってきます。

メンタルノイズの存在に気づくだけで、目の前の課題や問題が解決してしまう人もいます。ものごとの受け止め方が変わるので、そこからこれまで無自覚に（無意識に）とってきた行動が変わり、結果的に問題が解消されていくのです。

一方で、ノイズに気がついても、やっぱり悩んでしまう人もいます。

この本を読んでいるあなたも、**ノイズはわかったけど「で、どうすればいいの？」と思っているかもしれません。**

たしかにそうですよね。あなたとノイズは、子どもの頃からの長い付き合いですから、いきなり「はい、さよなら」とはいきません。

思考停止ノイズと一緒に生きてきた人が、すぐに、なんでもバシバシと決める人には変われなくても普通のこと。

頑張って一時は「決められる人」になったとしても、いずれ再びノイズに邪魔されて、いつもの優柔不断に戻ってしまう……なんてこともありがちです。
自分を変えるって、とても難しそうですよね。

でも安心してください。

メンタルノイズがわかっていれば、その影響を受けないように少しずつ体質改善していくことができます。

あなたも病気や怪我を防ぐために、普段から運動したり、食事に気をつけたりしますよね。それと同じ。いわば「心の免疫力」を高めるようなことだと思ってください。

心の免疫力を高める3つのポイント

この章では、**メンタルノイズの影響を受けないようにする、要するにノイズをキャンセルできる「ノイキャン体質」になるための簡単なエクササイズ**を紹介します。

エクササイズは全部で10個。どれも1分もあればできるので、できそうなものから試してみてください。やってみると、ものの見方や考え方を変える感覚がちょっとずつ掴めるはずです。

前提として、そもそもメンタルノイズに影響されやすい人の特徴は次の3つです。

①受け身になりやすい素直な人
②ものごとを深く考える内向的な人
③切り替えが苦手な生真面目な人

これらに対して、**受け身のクセをなくすエクササイズ、自分を客観視するエクササイズ、思考を切り替えるエクササイズ**を用意しました。

さっそく次のページから紹介していきます。

①受け身から
自発へ
私がやります！
②自分を
客観視する
③切り替え
上手になる

ノイキャンエクササイズ1

「STOP（やめること）リスト」

受け身のクセをなくそう、と言われても、どうやって？と思いますよね。特に、自己肯定感が低めの状態だと、自分にはできないと思ってしまいますよね。でも心配ありません。**ノイキャンエクササイズは筋トレのようなものではなくて、ちょっと心をほぐすための体操のようなもの。**

まずおすすめしたいのが、**「STOP（やめること）リスト」**。

TODOリストを書いている人がいるかもしれませんが、その逆です。「もうやめよう」と思うことを毎日ひとつ書いてみる方法です。TODOリストは、どうしても「やらなきゃいけないこと」が増えていくので、つらくなったりします。そして、できなかったことが残ると、「私って……」と凹んでしまいます。

だから、**やることを減らす方向で考えてみましょう。**「寝る前に勉強する」ではなく「寝る前のスマホをやめる」とか、ですね。

大事なのは、**やらされ感がなく、自分で決めて、しかも挫折しないこと。**「STOP（やめること）リスト」はそのいい練習になります。

ノイキャンエクササイズ2

テレビの「ながら見」禁止

もうひとつおすすめなのが、**テレビの「ながら見」**をやめることです。

テレビは、一方的に流れてくる情報を受け取るものです。特によくないのは、とりあえずスイッチを入れて、なんとなくつけっぱなしにする「ながら見」。この本でも説明したカラーバス効果を覚えているでしょうか？　**なんとなく映像や音声が流れていても、普段から気になっていることや意識していることは勝手にキャッチしてしまう**んですね。

例えば、完璧主義ノイズのある人だと、「ちゃんとしなきゃいけない」と思わされる情報ばかりキャッチして、さらに「ちゃんとしなきゃ」という思いが強くなります。

実は、**テレビはメンタルノイズ増幅装置**になるんです。

ＳＮＳも似たところがあります。タイムラインには他人がシェアした情報なども大量に流れてきますよね。もちろん面白い発見もあると思いますが、気にしていることや、ちょっと心がモヤっとすることも目についてしまいます。

便利で楽しいテレビやＳＮＳですが、「ながら見」で凹んでしまうような使い方や、ノイズを強化してしまうような見方は、ちょっとセーブしてみましょう。

ノイキャンエクササイズ3

インナー
チャウチャウ犬

これは自分を客観視するためのエクササイズです。

メンタルノイズを見つけることも客観視のひとつですが、そういう具体的ななにかが対象にないと、**自分を客観的に見るというのは意外と難しい**ものです。いつのまにか主観的になったり、感情的になったりしてしまいますよね。

そこでおすすめしたいのが「インナーチャウチャウ犬」を心の中で飼うこと。

嫌なことがあったり、うまくいないことがあって、「どうせ私は……」「私はきっと……」と**悪い妄想がはじまったら、「ちゃうちゃう！」と否定してもらう**んです。

バカバカしいと思うかもしれませんが、これは**心理学でいう脱中心化。**視点を変えて、自分を俯瞰するエクササイズになります。

猫がイメージしやすいなら「インナーにゃんでやねん」でもいいですし、モチーフはなんでもかまいません。とにかく自分以外の視点をわかりやすいイメージで用意しておくことが大事です。

ノイキャンエクササイズ4

自分実況中継

これも自分を客観視するためのエクササイズです。

やり方は、簡単です。

自分の動作を一つひとつ言葉にしてみるだけ。

ひとりでいるときだったら口に出してもいいですし、頭の中で言葉にするだけでもオーケーです。

本のページをめくった、足を組み替えた、テーブルの上のマグカップに手を伸ばした、コーヒーの入ったマグカップを口元に近づけた、コーヒーを飲んだ。

こんなふうに、自分の動作をひたすら言葉にします。

そうすると、自分を第三者の目線で見ているような感覚に、自然となってきます。言葉にできるのは、自分を客観的に見ているからです。小さなことから実況中継に慣れていけば、そのうちに「自分は今怒っている」とか「ガッカリしている」とか、**まわりが見えなくなりそうなときにも冷静になれる**ので、おすすめです。

ノイキャンエクササイズ5

自分司令官

自分実況中継の発展版もここで紹介しておきましょう。

これは自分が自分の司令官になって、**一つひとつの行動の前に指令を出す**エクササイズです。

自分実況中継は、自分がやったことをそのまま言葉にすることでしたが、このエクササイズでは、先に言葉にしてから実行します。そうすることで**自分を客観視するだけでなく、受け身にならない感覚も養うことができます。**

例えば、これからコーヒーを淹れます、電動コーヒーミルに豆を入れます、スイッチを押します、ドリッパーにペーパーフィルターをセットします、サーバーにドリッパーをセットします、といった具合です。

こんなふうに口にしてから、その通りに体を動かす。ひとりで自宅にいるときなら、まわりを気にせずにできると思います。

これを繰り返すと、**自分の言葉で自分を動かすシステムが、潜在意識の中につくられます。**アファメーションなどの言葉を使った願望実現方法の基礎練習にもなるのでおすすめです。

ノイキャンエクササイズ6

絶好調ラベル

ある心理学の研究では、**人は1日に約6万回もなにかを考えていて、そのうちの8割がネガティブなこと**だといいます。

そしてマサチューセッツ工科大学の研究によると、**ネガティブな感情の感染力はポジティブな感情の7倍も強い**とされています。

どうですか？

人って放っておくとスーパーネガティブになっていくんですね。

身近な例で、誰も気づいていないけれども、みんなやっているのが、体の不調確認。朝起きたら、頭が重い……、肩が痛い……、腰がだるい……、ヒザが痛い……、気分が乗らない……、やる気がでない……と、自分の体の不調なところばかり確認して、ラベリング（札を貼る）しています。

これでは、自分の悪いところ探しばかりしているようなもの。

毎日が憂鬱になって当たり前だし、体はどんどん不調になるし、自己肯定感も低くなって当然です。

だから、その逆をやる。

いいところを探してラベリングするエクササイズが大事です。

今日は、目がよく見えるなあ、肩が軽いなあ、頭が冴えてるなあ。ちょっとでも体の好調な部分を確認したら、そのまま流してしまわないでバシッと「絶好調ラベル」を貼りましょう。

とはいえ、不調ラベルのクセは簡単には抜けないので、「頭が重いなあ」と不調を発見したら、それと合わせて好調なところがないか……「頭は重い、でも、胃の調子はいい‼」と、見つけるのがコツ。

無理にポジティブに考える必要はありません。不調とセットで好調を探すのです。

これは、**自分の中に起こる「あ、いいかも！」を逃さないようにする練習**です。

なにしろ放っておくとネガティブになりやすいのが人の仕組みですから、こうすることで客観的に自分を見られるようにしておきましょう。

アタマ切れる
お腹快調
絶好調
腰の痛みなし
ひざ動きよし
足首万全

ノイキャンエクササイズ7

水洗メンタル法

ここからは、頭や心を切り替えるためのエクササイズです。

人に言われたことやルールや社会規範を守る生真面目な人ほど、失敗やミスや嫌なことにも真剣に向き合って、なかなか切り替えられない傾向があります。私のところへ相談にいらっしゃる方も、一般的には優秀で真面目とされる方が多くいます。切り替えができないと、どんどんメンタルノイズの影響を受けてしまいます。

おすすめが、**「嫌なことがあったらトイレで流す」**方法です。

嫌なことがあったら、できるだけ早くトイレへ行き、トイレットペーパーを引っ張り出し、嫌なものが付いていそうな体の場所を拭いてトイレに流す。場所をトイレに移動するだけで冷静さを取り戻せますが、体に付いていた嫌なものを流してしまったと思うと少し気持ちがらくになります。**イメージだけでなく、実際にそうすることが大事です。**

強めのシャワーで全身をていねいに洗い流したり、指を１本１本ていねいに洗ったりしても、同じ効果を期待できます。

ノイキャンエクササイズ8

やめてみる10秒瞑想

自分が本当に変われるとは思えない。これは、メンタルノイズに影響を受けやすい人が陥りがちな思考です。

そういう人におすすめしたいのが、**メンタルノイズは消せるもの、変えられるものという感覚を得る**エクササイズです。まず「変えられる」という感覚を前提に持つことで、切り替えが柔軟にできるノイキャン体質に近づけます。

その方法が、「やめてみる10秒瞑想」。

目を閉じて、頭の中で「やめてみる」を10秒イメージします。最初は体の機能、例えば心臓の動き、血液の流れ、呼吸……。やめたらどうなりますか? 死んじゃいますよね。だから、心臓も呼吸もやめられないものなんです。

次に、**自分の中のノイズに従うことをやめるイメージ**で、また10秒瞑想してみましょう。どうですか? ノイズを拒否したら死んじゃいますか? もちろん、死なないですよね。だからノイズは消してもいいし、変えてもいいものなんです。そう思えるだけで、このエクササイズは成功です。

ノイキャンエクササイズ9

オセロ式
メンタル反転法

子どもの頃につくられるマインドセットが素となるメンタルノイズを、いきなりサクッと消すのは、なかなか困難。少しずつ小さくして、消していく。このスモールステップを、頭でしっかり理解しておくことも大切です。

なにかを変えようとしたときに、すべて変わらないと変わったと思えない。

少しくらい変わっただけでは、変わった気がしない。

この感覚が、そもそもの間違い。だから、**全部変わらないと「変えられなかった」となり、やっぱり私にはできないんだとなってしまう**んです。

そんなときはオセロをイメージしてください。**一手で黒をすべて白にすることなんてできません**よね。ときには1個、ときには3個と、できる範囲で少しずつ黒から白に変えていく。ノイキャン体質をつくるのも、これと同じです。

ありのままの自分封印ノイズがあって人とつい比べて凹んでしまう人なら、1日に1回でも比べることをやめられたら、それだけで進歩。黒を1個、白にしたようなものです。

変わったことを少しだけでも自覚できれば、その一歩が次の一歩につながります。

ノイキャンエクササイズ10

ぺこぱ風
セルフツッコミ

メンタルノイズを消すには時間がかかります。**今までの自分を簡単に変える魔法なんて、世の中にない**ですからね。ただ、消し去るまでに時間がかかるだけで、少しずつならすぐにでも消していくことができます。

だからこそ大切なのは、消し去るまであきらめないことです。

そこで、「ノイキャン体質」づくりの最後のエクササイズは、ノイズに邪魔されて、今までの自分が出ちゃったときの対処法です。

おすすめは、**自分への全肯定ツッコミ。**

お笑い好きの人なら、芸人のぺこぱさんの漫才をイメージしてください。どんな悪い結果でも、許せない行動でも、すべて肯定してあげるということです。

例えば、自分封印ノイズが邪魔して、人と比べて「私ってダメだなあ」と口にしてしまったとき、即座に**「とも言い切れない！」とツッコミを入れる。**

思考停止ノイズが邪魔して、欲しかった靴を買えなくてため息が出てしまったとき、即座に、「買えなくて残念……、でもお金を節約できてよかった！」とツッコミを入れる。

他人が楽しそうに遊んでいるSNSのリア充投稿を見て凹んだら「ひとりでゆっくりしたい人もいる！」とツッコミを入れる。

とにかく、ノイズが邪魔したときは、肯定ツッコミを入れるんです。

そうすることで、ノイズによってネガティブになった気持ちをやわらげることできます。繰り返していると、ノイズに邪魔されるダメージが少しずつ弱まり、効果がある人は、それだけでメンタルノイズが気にならなくなります。

ポイントは相手も自分も否定しないこと。「とも言い切れない！」は、深く考えなくても一瞬で心を落ち着かせることができるマジカルワードです。

ここまで、「ノイキャン体質」づくりとして、10の方法を紹介してきました。難しいものはひとつもなかったと思います。なかには、ほんとに？　と思うような方法があったかもしれませんね。

しかし、どの方法も、私がカウンセリングの現場で実践して、かなり強力な効果を確認したものばかり。続けていると、いつの間にかメンタルノイズに強い心を手に入れられるはずです。

第5章

メンタルノイズを手放せば誰でも幸せになれる

メンタルノイズ探しは、
自分らしさ探し

「自分らしさ」ってなに？

自己肯定感とは、自分はありのままでいい、生きているだけで価値があるという感覚です。その感覚を得られている人は、自己肯定感が高いといわれるし、得られていない人は低いといわれる。

本当のことをいうと、**自己肯定感に高いも低いもない**んですけどね。

その感覚を得られていない人、要するに低いと思っている人たちが、自信がありそうに見える人や、いつもポジティブに見える人や、自由にのびのび生きている人たちを見て、自分と比べて高いと言っているだけ。

実際、自己肯定感が高いと思われている側の人たちは、自己肯定感なんて気にしてませんからね。

それでは、自分のありのままってなに？

自己啓発本やセミナーやネット上の記事でよく出てくる、「自分らしさ」といったほうがわかりやすいかもしれません。

でも、その自分らしさがわからない。わからないから、「自分らしく生きよう」といわれても、どうしていいのか悩んでしまう。

その手がかりとなるのが、実は、メンタルノイズです。

メンタルノイズは「自分らしさ」の手がかり

メンタルノイズに気づくことは、潜在意識の中からふだんは忘れてしまっていることを引っ張り出す作業です。ですから、**あなたが気づいていない「自分らしさ」のヒント**になります。なにしろ潜在意識には、あなたが子どもの頃から考えてきたこと、思ったこと、そして経験がたっぷり詰め込まれているのですから。

例えば私にも、「あ、自分ってそうなんだ」と気づいた、こんな経験があります。

最近まで私は、タワーマンションの高層階に住んでみたいと思っていました。でも現実はそうなっていなくて、住んでみたくて憧れている状態が続いていたわけです。

そんな中で、妻の一言がきっかけで自分のメンタルノイズに気づかされました。

「これまで住んだ部屋で一番高いのは何階だったの？」

答えは4階でした。よくよく思い出してみると、13階建てのマンションで3階に住んでいたこともあります。

あれ？　あらためて考えてみると、そんなに高層階の部屋を選んでこなかったな。

そんな気づきがありました。「タワマンの高層階」は、なんとなく成功の証みたいなイメージがあって憧れていただけなのかもしれません。別に、そこで生活したいという具体的な目的があったわけじゃないんですね。

頭では「タワマンの高層階に住みたい」と考えている。

でも、心の奥には「3階か4階がいい、安心」というノイズがある。

頭と心があべこべですから、無意識にブレーキがかかって、タワマンに住めなかったのでしょう。これが、ふだんは意識していない本当の自分。私は別に、高いところに住みたいとは思っていなかったのです。

まったく自覚はありませんし、今でも4階が好きとは思っていませんが、**目の前にあるすべての現実が、自分の内面の答え**です。

こうして**ノイズに気がつくと、自分で納得して、自分で決めている感覚を得られるようになります。**

私の場合は、潜在意識で「3階か4階がいい」と思っている自分に納得ができましたから、タワマンに住みたいという考えは消えました。こうなれば頭と心のあべこべが解消されるので、もやもやと悩むこともありません。

また、仮に私が「それでもタワマンに住みたい」と思うのならば、ノイズに邪魔されないようにキャンセルすればいいんです。

ノイズを受け入れるにせよ、キャンセルするにせよ、自分でノイズに気がついて、自分でどうするかを決める。そうすることで**「自分らしく生きている」「自分の人生を生きている」**感覚になります。

これがまさに自己肯定感です。

「自分らしさ」がわからないという人は、潜在意識の中に隠されたメンタルノイズに目を向けてみてください。自分が潜在意識で、なにを望んでいて、なにを拒んでいるのか。

そして、今まで気づかなかった自分を受け入れるのか、あるいは変えてみたいと思うのか。

いずれにせよ、自分を知ることが第一歩。そこから**どう次の一歩を踏み出すのかを自分で選ぶことが大切**です。

ノイズに気づくだけでらくになる理由

私のところに相談に来た人の中には、**ノイズに気づいただけで、心がらくになった人もたくさんいます。**

先ほどお伝えしたように、ノイズも「自分らしさ」として受け入れるケースもありますが、自分責めのループから抜け出せる効果も大きいと思います。

正しく自分を認知することには、ものすごい効果があります。自己肯定感が低くなってしまう人は、なぜ自分がそうなってしまうのかわからず、ひたすら「ダメな自分」ばかりを意識してしまいます。

でもノイズという原因があることに気づくと、そのノイズに対してどうしようかと考えられるようになるのです。

例えば、第2章で紹介した完璧主義ノイズが邪魔している人がいるとします。

このノイズが邪魔すると、やってみたいなあと思っていても、なかなかスタートできない、という悩みにぶつかることがあります。

完璧にできないとダメという思いが強くて、自分が下手なことが許せないからです。実際には誰もそこまで見ていないし、気にしてもいないのに、格好悪いとか、バカにされるとか、勝手に不安になってしまうんですね。

このような場合、ノイズに気がつかないでいると、本人は「自分の性格がいけない」とか「自分がダメなんだ」と、自分責めのループに陥ってしまいます。

たしかにその人の内面の問題ではありますが、やみくもに自分という存在を否定するのは間違いです。


私の相談者に、こんな人がいました。何年も前からブログを書こうと思っているのに、全然はじめられなくて悩んでいた人です。

私がカウンセリングを進めていくと、やはり完璧主義ノイズが邪魔をしていました。

「なんでブログを書きたいと思ったんですか?」

「同じ趣味の人に読んでもらって、楽しんでもらったり、交流ができたらと思って。でも、どうせなら、おもしろいと言ってもらえるほうがいいですよね」

「それはそうですね。でも本当におもしろいかどうかなんて、わからなくないですか」

「そうなんですよ。文句を言われたり叩かれたりするのは怖いし。だからなかなか……。自信がないんですよね」

「最初からちゃんとしたものを書いて、喜んでもらいたいんですね。でも、どんな人気のブロガーだって、やってみたら意外とウケたって人が多いんじゃないですか」

「それはそうですよね。何人読んでくれるかもわからないし」

「どうせ、いつまで経ってもはじめられないんだったら、ちゃんと納得いくまで準備するより、完璧でなくても書いたほうがよくないですか?」

「たしかにそうです」

「そうそう、自信がないとかあるとかの問題じゃないです」

こんなやりとりだけでも、かなり視点が変わります。**自己認知とは、自分がどんな状況にあって、どういう感情に、なぜなるのか、といったことを知ることです。**自分一人だとどうしても漠然と自分が悪いと思いがちですが、ノイズとして言語化すると客観視がしやすくなります。**責める対象が自分からノイズに変わることで、自分責めのループから一歩抜け出せる**のです。

もちろん、子どもの頃からあるメンタルノイズですから、また別のタイミングで発動することはあります。

そうしたら「またノイズ出たよ」と言葉にしてみることです。

こうして繰り返していると、ノイズを受け入れたり、キャンセルしたり、自分で考えて決める力を取り戻すことができます。

ジャッジをやめる。
これで人生楽しくなる

なんでもジャッジしてませんか？

人は誰でも、物事の良い・悪いを自分なりに判断して生きています。第1章でも、泥棒を良いと思うか悪いと思うか質問しましたが、そうやって常に○と×というジャッジを下しているんですね。

でも、**あなたの自己肯定感が低くなるのは、そのジャッジのせい**だということに気がついているでしょうか？

あなたの**ジャッジの基準は、かなりノイズの影響を受けています**。例えば「他人ファーストノイズ」がある人は、「兄弟では年上が我慢しないといけない」とか「言いたいことを言うのは悪いこと」などという基準を勝手に作ってしまいます。

まわりがジャッジしているわけではないのに、潜在意識にある記憶や経験から、「そうすべきなんだ」と思い込んでいるのです。

ですから、**メンタルノイズに気づくことができたら、その偏ったジャッジの呪縛から逃れることができます**。

こんなふうに、どっちかが○だ×だと決めるのはノイズの影響です。

痩せている＝○　太っている＝×

自分を抑える＝○　言いたい放題に言う＝×

自信満々＝○　気弱＝×

決めるのが早い＝○　優柔不断＝×

話がうまい＝○　口べた＝×

では今度は次のジャッジを見てください。

ガリガリ＝×　ふくよか＝○

主張が弱い＝×　はっきりしている＝○

傲慢＝×　謙虚＝○
せっかち＝×　慎重＝○
おしゃべり＝×　思慮深い＝○

どうですか？　ちょっと**見方を変えたら、○と×なんて簡単に入れ替わる**んです。あなたもジャッジをしそうになったら、「またノイズが出てる」と思って、やめてみてください。
世の中の**大抵のことは「どっちでもいい」**んです。

ネガティブなジャッジを防ぐ「インナー舎弟」

ジャッジをやめようといっても、そう簡単にはできないかもしれません。そんなあなたにオススメなのが**「インナー舎弟」**です。

自己肯定感が低めの人は、どんなジャッジにせよ自分を×にしてしまう傾向があります。このインナー舎弟は、そんなネガティブなジャッジを防いでくれる、ちょっとした思考のコツです。

あなたの中に、**なんでも自分を持ち上げてくれる子分のような人がいる**と思ってください。わかりやすくいうと、**ものすごい太鼓持ち**です。

そしてなんでも褒めてもらう。例えば、手にコップを持ったら「コップ持ったよ、すげえ!」、ジュースを飲んだら「ジュース飲んだ、素晴らしい!」、窓を開けたら「窓を開けるなんてすごい!」、箸を使ったら「箸が使えるんだ! かっこいい!」という具合に、些細なことをなんでも褒めてもらうんです。

くだらないと思うかもしれないですが、**心のクセを直すには反復が一番**です。繰り返すうちに、少しずつネガティブジャッジをやめられるようになります。

「どっちでもいい」精神で誹謗中傷に強くなる

ジャッジをやめることには、誹謗中傷に強くなる効果もあります。

社会問題化してきている、ネット上の誹謗中傷。自分が誹謗中傷を受けるのは当然つらいですが、人が被害を受けているのを見るのも嫌ですよね。

悪いのは、もちろん誹謗中傷する側ですが、それを自力で止めるのは無理です。今のところは、アカウントを閉鎖してSNSを止める、くらいしか方法がありません。でもそれって、どこか納得いかないですよね。

そんな誹謗中傷に対して、覚えておいてほしいことがあります。

まず、**誹謗中傷する人は、自己肯定感が低い**ということ。むやみに**他人を攻撃したり、ムキになったりするのは、自信のなさやコンプレックスの裏返し**です。ですから仮にあなたが攻撃を受けたとしても、自己否定する必要はありません。相手も弱いのです。当事者のつらさは本人にしかわからないので、あまり勝手なことは言えません。でも相手も自己肯定感が低いのだと思えば、少しは心の逃げ場ができるかもしれません。

そして、**誹謗中傷に傷ついてしまうのは、たくさんの人に認められたいという欲求**

があるからです。認められたいという承認欲求は誰にでもありますが、それが大きすぎると、反動で心にダメージを受けてしまうことがあります。

そんなときこそ、ジャッジをやめて「どっちでもいい」精神になることです。一方で否定されていることも、一方では肯定されることは、多々あります。**見方を変えればジャッジは変わる。だから、あなたが否定されることも、肯定されることも、どっちもあるのが自然なのです**。

もちろん、悟りでも開かない限り、承認欲求がまったくなくなることなんてありません。好かれたいし、ちやほやされたいし、人気者になりたいのが人間ですからね。だから、インナー舎弟や、ごくごく身近な人にだけ認めてもらっておきましょう。

SNSに投稿する前に、友だちや家族に話して「すごい」と言ってもらう。これだけで、承認欲求を軽くすることができます。

コップ持った!!
すごい～！

メンタルノイズが
消えると選択肢が
2つになる

本当に望んでいることは、別にある

メンタルノイズを消していくプロセスの中で自分らしさを少しずつ発見していくと、「私って、なんでこんなことで悩んでいるの？」「私がやらなきゃいけないことってほかにあるんじゃないの？」と思うことが出てくるようになります。

今まであなたが悩んできたことは、ダミーだったことに気づく瞬間です。

ダミーとは、本当に望んでいることは、別にあるってことです。

簡単な例が、「お金持ちになりたい。でも、なれない」という悩み。

私のところにもよくある相談です。そんなときに、必ず問いかけることがあります。**お金持ちになったら、どうしたいですか？**

そうすると、次のような答えが出てきます。

・親も同居できる大きな家を買いたい
・憧れていた車に乗りたい
・海外旅行がしたい
・三ツ星レストランで食事がしたい

こうやって並べるとわかりますよね。お金は単なる手段。**お金を使って何かをしたいから、お金持ちになりたい**んです。そのなにかをさらに突き詰めてみると、もっと違った目的がわかってきます。

例えば、大きな家を買いたいのは、

・家族の喜ぶ顔が見たいから
・自分の生きた証を残したいから
・たくさんの人に評価されたいから

ここまでくると、**お金持ちにならなくたって、ほかの方法でいくらでも実現できそ**

うですよね。お金がなくても、家族を喜ばせることはできますからね。

前向きにあきらめるのも、自分らしく生きること

本当の目的に気づいたときに、それまで悩んできたことをやっぱり**解決しようと頑張ってみるのも、ひとつの決断。「やーめた」とあきらめるのも、ひとつの決断。**

お金持ちを目指そうが、あきらめようが、どちらの選択も、自分が望んでいることだから、まったくストレスはありません。「あきらめる」にはネガティブなイメージがありますが、**前向きにあきらめることは、格好いいことなんです。**

メンタルノイズをキャンセルしていく作業は、**どちらを選んでも〇なんだと気づけるフラットな状態をつくる**ことでもあります。

どちらも選べる。

これほど楽しい選択はないですよね。

メンタルノイズに
気づくと
自分のすべてを
受け入れられる

自分らしく生きるとは、ダメな自分も認めること

最後の最後に読者にツッコミを入れられそうですが、誤解がないように言っておきます。正確にいうと、メンタルノイズは消えません。というのは、メンタルノイズは潜在意識の中にあるものだからです。

キャンセルするとは、ノイズに邪魔されないようになるということです。

ただし、潜在意識に残っているだけに、これからも、ときどきメンタルノイズが邪魔することはあると思います。でも、**メンタルノイズに気づいたあなたは、もうこれまでのあなたではありません。**

なぜなら、邪魔されて、過去の嫌な自分が出てきたり、悪い結果になったとしても、「ノイズが邪魔しちゃったなあ」と思えるからです。

気をつけるのは、ノイズが邪魔しそうなシーンになったときです。

ノイズの存在がわかっているだけに、邪魔されないように抵抗しようとするかもしれませんが、**抵抗しないことが物凄く大事**です。

邪魔するときはするし、しないときはしません。邪魔されたら、「邪魔されちゃったなあ」と思うだけでいいんです。

絶対にノイズに邪魔されないと頑張り過ぎると、結果、邪魔されてうまくいかなかったときに、本当なら必要のない無力感を抱いてしまいますからね。

結果が悪くても、思うようにいかなくても、そのまま受け入れてください。

大丈夫です。メンタルノイズに邪魔されたんだから仕方がありません。

それも、自分らしさのひとつです。

自分のありのままに生きることは、自分のダメなところも認めてあげるということです。ダメだから許せないなんて、思う必要はないんです。

メンタルノイズに感謝して、メンタルノイズを手放す

これまで散々あなたを邪魔して、悩ませてきたメンタルノイズですが、反面、これまであなたを守ってきてくれたのもメンタルノイズです。

どうしてメンタルノイズが邪魔するのかというと、すべてはあなたを守るため。あなたが幸せでいられるように邪魔しているのです。

メンタルノイズの素は幼少の頃につくられると話しましたが、その頃は、邪魔しているのではなく、守ってくれていたのです。

思考停止ノイズに従って、親の言うことを聞いているだけで褒めてもらえました。おもてなしノイズのとおり親に気を遣っていると、親の機嫌が悪くなることもありませんでした。

タイムイズマネーノイズで急いで駆け寄ると、両親は大喜びして抱きしめてくれま

した。

そうやって育ってきたから、今のあなたがあるんです。

それが大人になって環境が変わり、通用しなくなっただけ。

思考停止していると会社で「自分の頭で考えろ！！」と怒られる。

おもてなしばかりしていると、どんどん自分がすり減って疲れ果ててしまう。

なんでもかんでも急いでミスすると、「こんな簡単なことでミスするの？」と失望されて評価も下がる。

メンタルノイズは、昔と変わらず、ただただあなたが幸せになるようにと守ってくれているだけ。

それなのに、現実の結果はうまくいかない。どうしたらいいかわからない。邪魔していることになってしまっている。

そう。もうあなたはメンタルノイズに守ってもらわなくても大丈夫なのです。
うまくいかない現実、思いどおりにならない出来事は、これまでずっと一緒に歩いてきたメンタルノイズとの、お別れのサインなのです。

だから、メンタルノイズには、まず感謝してあげてください。
「今まで守ってくれてありがとう」と。
そして、メンタルノイズに
「もう守ってくれなくても、私は大丈夫だから」と言ってあげてください。

そんなイメージでメンタルノイズをキャンセルしていってください。ノイズが邪魔しなくなったとき、ありのままを受け入れられるあなたになっているはずですから。

おわりに

本書を最後まで読んでいただき、ありがとうございます。
締めくくりになにを書こうか悩みましたが、私がなぜ心理カウンセラーの道に進んだのかを少しお話しさせてください。

私はもともと大手出版社に勤めていて、その後フリーライターとして独立しました。その頃は私もまだ若く、ときには寝食も忘れて、がむしゃらに働いていました。そんなある日、仕事の無理がたたったのか、体を壊してしまいます。ひとりでは起き上がることも難しく、いわゆる過労死の寸前まで追い込まれたような状態です。

たまたま家を訪ねてきた知人によって助けられ、医者にかかって養生生活がはじまりました。予期せぬ形で暇ができたのですが、それによって生まれたのは安らぎではなく焦りでした。

振り返れば早くに両親が離婚し、青春時代に打ち込んでいた水球は怪我で挫折、自分なりに頑張っていた仕事もこの有様。とにかく目の前のことに集中してやってきた結果、ふとエアポケットに入ったような状態になって頭に浮かんだのは「オレってなんのために生きているんだろう？」という疑問でした。

私が心理学の世界に踏み出したのは、このときです。心理療法や脳科学を学び、地位や名誉やお金ではなく、ものごとのとらえ方や心のありようこそが、人生の充実度を大きく左右することを知りました。あらためて自己を見つめ直すことで、こんなにも現実が変わるなんて、若い頃にはとても信じられなかったと思います。

そして自分と同じように、心理療法によって「自分らしさ」を再発見した人たちが、とんでもなくいきいきとしている姿も衝撃でした。

人をこんなふうに救える仕事がしたい。そう思えました。

それ以来、私は心理カウンセラーとして少しずつ実績を積み、これまで8000人以上の人の悩みに答えてきました。だいぶ駆け足ですが、これが私が心理カウンセラーになったいきさつです。

さて、ここからは未来の話をしましょう。

私が理想とするのは、今よりもたくさんの人が、もっと気軽に心を癒すことができる世の中です。だから私は、もっとカジュアルに、気軽に使える心理療法を提供したい。この本もその一助になったらいいなという思いで書きました。

人の心の問題は本当に千差万別で、一冊の本でどこまで解決に導けるのか、未知数ではあります。ですので、本書を読んでいただいたあなたへＬＩＮＥ＠でさまざまな問題を解決するための動画をお送りできるよう準備いたしました。

ＬＩＮＥを開いていただき、こちらのＱＲコードからご登録いただくか、「@389pfziv」をＩＤ検索して申請してください（@の入力をお忘れなく）。

どんな自分にも納得するための心の処方箋といえる動画を無料でお届けします。

人間のデフォルト（初期設定）はとても幸せな状態です。しかしノイズのせいで、あえて自分を不幸にしています。ノイズがなくなると本当に楽に生きられます。いらない苦労はしなくて良い。不必要な努力はしなくて良い。方向性の違う頑張りはしなくて良い。そういう意味で、楽に生きられるようになります。本書を読んだあなたの心が、少しでも楽になったなら、これに勝る喜びはありません。

山根洋士（やまね・ひろし）

これまでに8000人以上の悩みを解決してきた心理カウンセラー。

両親の離婚、熱中していたスポーツの挫折、就職の失敗などを経てノンフィクションライターとして成功をつかむものの、激務でダウン。過労死寸前まで追い詰められ、入院生活を送る中で心理療法と出会って人生が激変。「なんのために生きるのか」を模索した末に、心の風邪薬のようなカウンセリングを提供したいという想いから、カウンセラーになる。

心理学だけでなく、数多くの経営者やプロスポーツ選手、芸能人等への取材経験、AIやロボット工学、脳科学などを取り入れた、メンタルノイズメソッドを開発。実践中心のカウンセリングで一線を画す。

カウンセリングには、著名な精神科医やスピリチュアリスト、占い師などに相談しても結果が出なかった人が殺到。すぐに実践できるワークと、論理的なセッションで好評を博している。

メンタルノイズ心理学 山根洋士公式チャンネル
Youtubeで「メンタルノイズ」で検索
https://www.youtube.com/channel/UCslhXIh3I5Z-tSUubCYwLUQ/

山根洋士@メンタルノイズ心理学
Twitterで「@yamane_hiroshi」で検索
https://twitter.com/yamane_hiroshi

「自己肯定感低めの人」のための本

発行日　2020年10月2日　第1刷
発行日　2024年4月23日　第12刷

著者　山根洋士

本書プロジェクトチーム
編集統括　柿内尚文
編集担当　中山景、長野太介
編集協力　洗川俊一
デザイン　山之口正和（OKIKATA）
DTP　藤田ひかる（ユニオンワークス）
イラスト　伊藤水月
校正　荒井よし子

営業統括　丸山敏生
営業推進　増尾友裕、綱脇愛、桐山敦子、相澤いづみ、寺内未来子
販売促進　池田孝一郎、石井耕平、熊切絵理、菊山清佳、山口瑞穂、吉村寿美子、矢橋寛子、遠藤真知子、森田真紀、氏家和佳子
プロモーション　山田美恵
講演・マネジメント事業　斎藤和佳、志水公美

編集　小林英史、栗田亘、村上芳子、大住兼正、菊地貴広、山田吉之、大西志帆、福田麻衣
メディア開発　池田剛、中村悟志、長野太介、入江翔子
管理部　早坂裕子、生越こずえ、本間美咲
発行人　坂下毅

発行所　株式会社アスコム

〒105-0003
東京都港区西新橋2-23-1　3東洋海事ビル
編集部　TEL：03-5425-6627
営業部　TEL：03-5425-6626　FAX：03-5425-6770

印刷・製本　株式会社光邦

Printed in Japan ISBN 978-4-7762-1099-3